Mode DESIGN SCHULE *für* KIDS UND TEENS

Spannende Projekte zum Selbermachen für junge Designer und Designerinnen

FÜR KINDER VON 8 - 14 JAHREN

MADELEINE HUWILER

Kapitel 5. Übung macht den Modeprofi! 108

Kapitel 6. Entwerfe deine Fashion-Week-Kollektion 122

Schlusswort 141

Einleitung

Herzlich willkommen in der *„Modedesign-Schule für Kids und Teens"*! Ich bin Madeleine, eine leidenschaftliche Modedesignerin aus Paris, dem Herzen der Modewelt. Ich habe dieses Buch geschrieben, um junge Talente zu fördern und sie auf ihrem Weg in die Modebranche zu begleiten.

Aufgrund meiner Erfahrung in der Gestaltung von Kollektionen für renommierte Modemarken möchte ich jungen Designern helfen, die Modewelt besser zu verstehen. Mein Ziel ist es, sie zu ermutigen, ihre eigenen kreativen Entwürfe zu entwickeln.

Ich werde dich mit essenziellem Wissen ausstatten und dir zudem zeigen, welche Schritte du unternehmen musst, um ein erfolgreicher Designer zu werden. Bist du bereit die Welt der Mode zu entdecken? Dann lass uns starten!

DEIN MODEDESIGN-GUIDE

In diesem Buch gewinnst du tiefe Einblicke in die Vielschichtigkeit der Modebranche und lernst, wie du deine eigenen kreativen Ideen effektiv realisierst. Jedes Kapitel führt dich durch interaktive Übungen, um das erlernte Wissen zu vertiefen und praktisch anzuwenden. Du beginnst mit den Grundlagen des Modezeichnens, entwickelst Moodboards, experimentierst mit Farbpaletten und skizzierst Kleidungsstücke bis hin zum Entwurf deiner eigenen, unverkennbaren Designs. Nachdem du all diese Schritte gemeistert hast, bist du bereit, deine erste Kollektion für die Fashion Week zu kreieren. Wie aufregend!

WELCHE UTENSILIEN BENÖTIGST DU?

Bevor wir loslegen, vergewissere dich bitte, dass du alle notwendigen Utensilien griffbereit hast, die wir für unsere Projekte benötigen. Einige

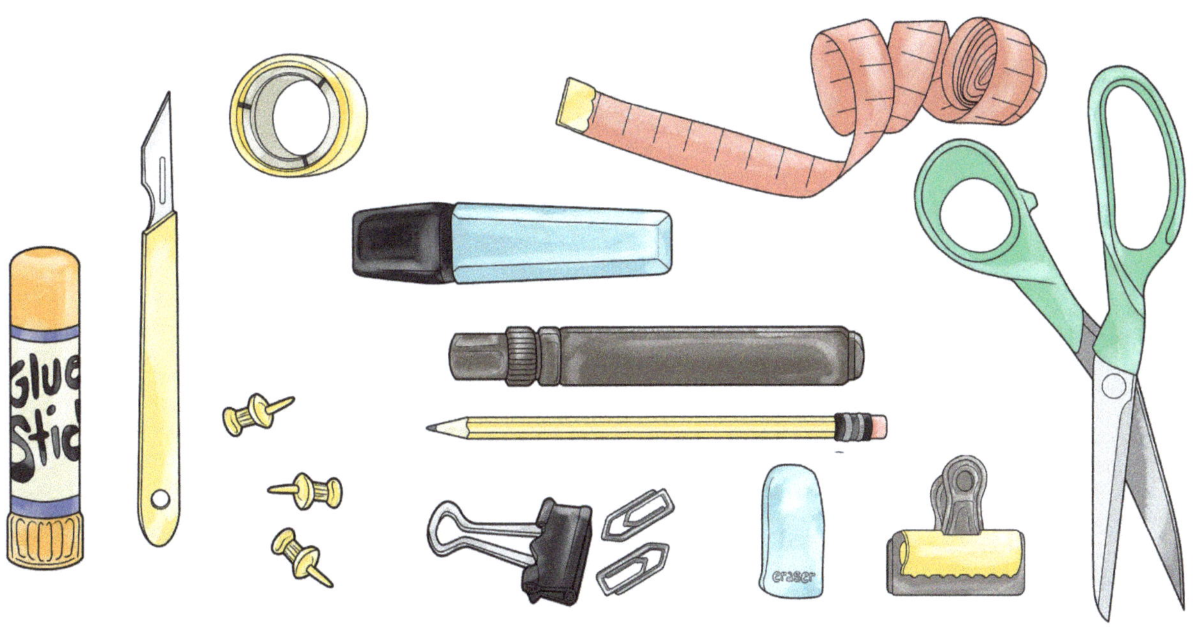

der Materialien, wie Buntstifte, Filzstifte, Klebstoff, verschiedene Papiersorten und eine Schere, kennst du sicher schon aus der Schule und hast sie vielleicht sogar schon zu Hause.

Doch das ist erst der Anfang! Als angehender Modedesigner wirst du auch Moodboards erstellen, um deine kreativen Ideen visuell umzusetzen. Dafür brauchst du zusätzlich zu den genannten Materialien auch Stoffproben - vielleicht von alten Kleidungsstücken -, Knöpfe sowie Bilder aus Magazinen oder Fotos, die dich inspirieren.

Stofffarben und Textilkleber ermöglichen es dir, deinen Entwürfen eine persönliche Note zu verleihen. Für einige spezielle Projekte ist der Einsatz von Nadel und Faden nötig.

Mit dieser Auswahl an Materialien bist du optimal vorbereitet, um deine kreativen Ideen mit Erfolg umzusetzen. Los geht's!

01

ERSTE SCHRITTE IN DER *Mode*

Dieses Kapitel bietet dir einen Überblick über die verschiedenen Berufe in der Modebranche. Du lernst den Unterschied zwischen Fast Fashion und Luxusmode kennen und erfährst, warum Nachhaltigkeit bei der Herstellung von Mode so wichtig ist. Du erhältst nicht nur Einblicke in den Modekalender, der für alle großen Marken und ihre Modenschauen von zentraler Bedeutung ist, sondern lernst zudem, wie du als angehender Designer oder als angehende Designerin deine kreativen Ideen so umsetzen kann, dass deine Kollektion in Geschäften und Online-Shops angeboten werden kann.

Mit jedem Schritt erweiterst du nicht nur dein Wissen, sondern entdeckst auch inspirierende neue Ideen und vertiefst dein Verständnis für die Modewelt. So kommst du Schritt für Schritt deinem Traum näher, eine eigene Kollektion zu entwerfen.

DIE AUFGABEN EINES MODE *Designers*

WAS MACHT EIGENTLICH EIN MODEDESIGNER?

Die Arbeit eines Modedesigners umfasst die Recherche aktueller Modetrends. Er oder sie ist Fachexperte, wenn es um den Entwurf von Kleidung, Schuhe oder Accessoires geht. Diese kreative Vorarbeit legt den Grundstein für das spätere Produkt. Nachdem die Stoffe sorgfältig ausgewählt wurden, werden die einzelnen Komponenten zu einem stimmigen Design verbunden und ein Prototyp erstellt, der als Vorlage für Präsentationen in Modemagazinen oder auf Laufstegen dient. Sobald das Design anhand des Prototyps getestet und zur Produktion freigegeben wurde, wird das Produkt in Serie gefertigt, um es in verschiedenen Größen anbieten zu können. Damit schließt sich der Kreis: Aus der ursprünglichen Idee entsteht ein fertiges Produkt, das von zahlreichen Kunden in Geschäften und Online-Shops erworben werden kann. Der Vertrieb ist dabei der letzte Schritt in diesem Prozess.

WIE WERDE ICH MODEDESIGNER?

Sicher besitzt du schon einige Talente, die dir auf dem Weg zum erfolgreichen Modedesigner helfen werden. Und selbst wenn dir manche Fertigkeiten noch fehlen, kannst du sie jederzeit erlernen. Alles, was du für den Anfang benötigst, sind ein Notizblock, ein Bleistift und ganz viele

Ideen. Überlege dir zunächst, welcher Bereich der Mode dich am meisten interessiert. Sind es Accessoires wie Taschen und Schuhe, die handwerkliche Kunst eines Brautkleides oder das eher technische Design von Strickwaren, das dich begeistert? Erstelle Skizzen von Designs, die du umsetzen oder selbst tragen möchtest, und finde heraus, welche davon dir am meisten Freude bereiten.

> *Als Modedesigner ist es essenziell, stets über die neuesten Trends und Kreationen informiert zu sein. Dies gelingt dir am besten, indem du Modemagazine studierst und regelmäßig die aktuellen Kollektionen erkundest – sowohl offline als auch online.*

Wenn deine Leidenschaft für Mode weiter wächst, wäre der Besuch einer renommierten Modeschule oder ein Praktikum bei einem erfahrenen Designer ein logischer nächster Schritt, um praktische Erfahrungen zu sammeln. Am wichtigsten jedoch ist, dass du stets die Freude am eigenen kreativen Schaffen bewahrst.

Um in der Welt der Mode erfolgreich zu sein, ist es wichtig, spezifische Fachbegriffe zu kennen. Diese Bezeichnungen ermöglichen es dir die Vielfalt an Bekleidungsstücken und Accessoires zu erkennen und bereiten dich auch darauf vor, kompetent über deine eigenen Entwürfe zu sprechen. Bist du bereit, dein Wissen in Sachen Mode zu überprüfen?

Dann ordne die Begriffe auf der linken Seite ihren entsprechenden Bedeutungen auf der rechten Seite zu.

1. Silhouette

2. Nachhaltige Mode

3. Statement-Piece

4. Vintage

5. Streetwear

6. Applikation

7. Basics

8. Trendprognose

a. Kleidung und Accessoires, hergestellt aus umweltfreundlichen Materialien und Produktionsmethoden.

b. Prozess der Vorhersage zukünftiger Modetrends und Kundenpräferenzen.

c. Kleidungsstücke, die immer gebraucht werden und gut zu kombinieren sind.

d. Modetrends, die von alltäglicher, auf der Straße getragener Mode inspiriert sind.

e. Kleidung oder Accessoires aus einer vergangenen Ära.

f. Schmückendes Ornament, das auf das Kleidungsstück, den Stoff oder Leder aufgenäht oder aufgeklebt wird.

g. Auffälliges Kleidungsstück oder Accessoire, das einen starken modischen Eindruck hinterlässt.

h. Die Gesamtform oder Kontur eines Kleidungsstücks

Solutions: 1h / 2a / 3g / 4e/ 5d / 6f / 7c / 8b

Einblicke in den
Modedesign-Prozess

1. TRENDPROGNOSE

Die Trendprognose ist wie ein Blick in die Zukunft der Mode: Welche Kleidungsstücke, Farben und Stile werden in den nächsten Monaten oder Jahren beliebt sein? Dieser Schritt ist entscheidend im Designprozess, da die Entwicklung und Fertigstellung von Bekleidung und Accessoires viel Zeit beansprucht und Designer daher oft schon *neun Monate im Voraus* mit der Entwicklung einer Kollektion beginnen. Sie arbeiten eng mit Trendforschern zusammen, die darauf spezialisiert sind, die kommenden Trends hinsichtlich Farben, Stoffen, Mustern und Gesamterscheinungen vorherzusagen. Dies stellt sicher, dass die Kollektionen innovativ und

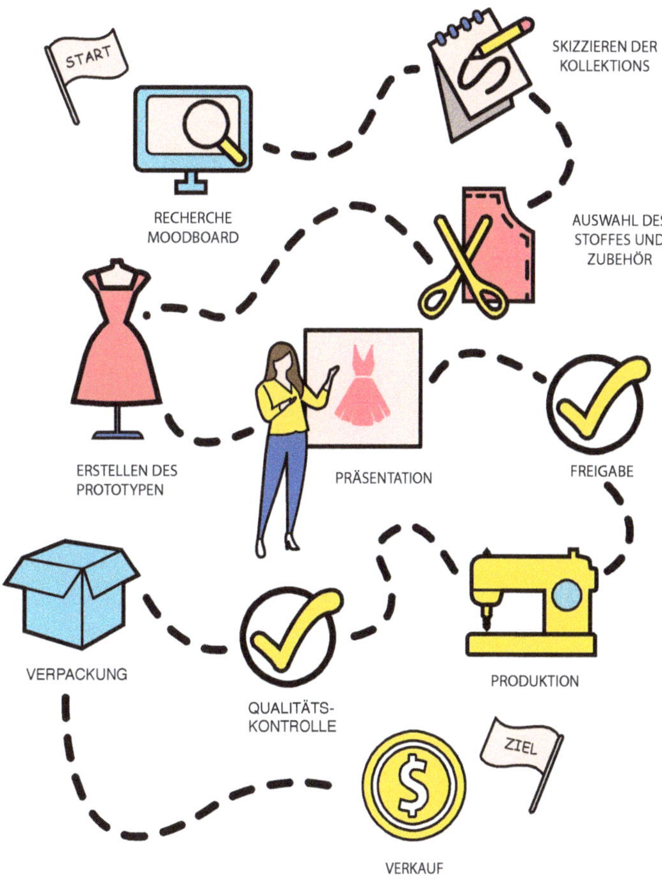

ansprechend bleiben. In der heutigen Zeit spielen Social Media und Influencer eine grosse Rolle bei der Formung und Verbreitung von Modetrends. Plattformen wie Instagram, TikTok und Pinterest dienen als globale Laufstege, auf denen Trends geboren und verbreitet werden, lange bevor sie in den Geschäften ankommen. Das ständige Beobachten dieser Kanäle kann daher ein zusätzliches Werkzeug für jeden sein, der sich ein Bild von den zukünftigen Modetrends machen möchte.

2. RECHERCHE

Bevor ein Modedesigner eine neue Kollektion entwirft, erfordert dies eine sorgfältige Planung. Der kreative Prozess beginnt mit einem Austausch mit Trendforschern und setzt sich fort mit der Suche nach Inspiration. Diese kann überall gefunden werden – in Kunst- und Designbüchern, auf sozialen Netzwerken oder bei Museumsbesuchen. Das Ziel ist es, passende und einzigartige Ideen zu sammeln, sei es Vintage, ethnische Muster oder moderne Designs. Anschließend wird ein Moodboard erstellt: eine inspirierende Zusammenstellung aus Bildern, Stoffmustern und Fotos, die die Atmosphäre der Kollektion einfangen soll. Dieses Moodboard dient als Leitfaden, um eine stimmige Kollektion zu entwickeln, die die Vision des Designers authentisch widerspiegelt.

3. SKIZZIEREN DER KOLLEKTION

Nachdem alle Ideen auf dem Moodboard zusammengetragen wurden, bringen die Designer die Ideen zu Papier. Obwohl viele traditionell per Hand skizzieren, nutzen andere digitale Mittel wie Tablets oder Computer. Der Einsatz von 3D-Software ist ebenfalls nicht mehr wegzudenken, da so Entwürfe aus verschiedenen Perspektiven betrachtet werden können. Dieser kreative Prozess, oft der zeitintensivste Teil, mündet in eine Vielzahl von Skizzen. Aus diesen wählen die Designer zusammen mit ihrem Team die überzeugendsten aus, um eine stimmige Kollektion zu formen. Diese Kollektion erzählt eine visuelle Geschichte und harmoniert thematisch. Wie bei einem Puzzle fügen sie Farben, Materialien und Muster sorgsam zusammen.

4. DIE AUSWAHL DES RICHTIGEN STOFFS

Die Auswahl des richtigen Stoffs spielt eine entscheidende Rolle im Designprozess. Bevor ein Prototyp erstellt wird, überlegen Designer sorgfältig, welcher Stoff für jedes Design am besten geeignet ist. Dabei sind Aspekte wie Gewicht, Flexibilität und Qualität ausschlaggebend. Eine ungeeignete Wahl kann sowohl das Aussehen als auch die Funktionalität eines Kleidungsstücks beeinträchtigen. Deshalb treffen Designer ihre Auswahl mit Bedacht, um sicherzustellen, dass ihre Kreationen optisch herausstechen und die gewünschte Botschaft vermitteln. Weitere Details zur Stoffauswahl findest du in Kapitel 42.

5. DIE ERSTELLUNG DER PROTOTYPEN

Prototypen spielen eine zentrale Rolle im Designprozess, indem sie eine erste Umsetzung der kreativen Vision des Designers darstellen. Jeder Prototyp ist ein Unikat, speziell angefertigt, um nicht nur die Ästhetik, sondern auch die Passform und den Tragekomfort an realen Modellen zu testen. Diese Phase ermöglicht es dem Designer und seinem Team, die Interaktion zwischen dem Entwurf und dem menschlichen Körper genau zu beobachten. Maße, Passform und der Fall des Stoffes werden sorgfältig überprüft, um sicherzustellen, dass jedes Kleidungsstück genau so sitzt, wie es vorgesehen ist. Zusätzlich zur Überprüfung der Passform achten Designer und ihr Team auf die Auswahl der Materialien und deren Verarbeitung. Wie sich ein Stoff anfühlt, seine Bewegung und wie er auf Licht reagiert, sind entscheidende Faktoren, die das Erscheinungsbild und die Funktionalität des Designs beeinflussen.

6. PRÄSENTATION

Nach der sorgfältigen Erstellung und Anpassung der Prototypen folgt die aufregende Phase der Präsentation. Hier haben der Modedesigner und sein Team die Gelegenheit, ihre harte Arbeit und Kreativität einem breiteren Publikum vorzustellen. Die Kollektion wird vor Einzelhandelskäufern und Medienvertretern enthüllt, häufig auf Modenschauen, Messen oder während spezieller Präsentationen. Diese Events sind nicht nur eine Plattform, um die neuesten Trends vorzustellen, sondern auch eine Chance, eine direkte Meinung aus der Branche zu erhalten. Einzelhandelskäufer entscheiden hier, welche Stücke sie in ihr Sortiment aufnehmen, während Journalisten und Blogger die Highlights und die Vision hinter der Kollektion verbreiten. Die Präsentation ist ein kritischer Moment, der zeigt, ob die Kollektion die Erwartungen erfüllt und das Interesse der Fashion-Welt weckt.

7. PRODUKTION

Nach einer erfolgreichen Präsentation und positivem Feedback geht es in die Produktionsphase. Hier bereiten der Modedesigner und sein Team die finalen Designs für die Massenproduktion vor. Sie arbeiten eng mit den Fabriken zusammen, um die spezifischen Details jedes Kleidungsstücks genau zu kommunizieren. Die in der Prototypenphase entwickelten und verfeinerten Schnittmuster bilden nun die Basis für die Fertigung. Mit modernsten Schneide- und Nähmethoden beginnt die Produktion in größeren Stückzahlen. Während dieser Phase ist eine fortlaufende Qualitätskontrolle entscheidend, um die Einhaltung der Designvorgaben

und die hohe Qualität der Endprodukte zu gewährleisten. Dieser entscheidende Schritt verwandelt die Idee des Designers in tragbare Mode, die anschließend verkauft wird.

8. LAUNCH DER NEUEN KOLLEKTION

Nach Abschluss der Produktion durchlaufen die fertigen Kleidungsstücke eine finale Qualitätsprüfung, um sicherzustellen, dass sie ein hohes Qualitätsniveau erreichen, bevor sie für die Lagerung und den Versand vorbereitet werden. Danach werden die Kollektionen an Geschäfte und Online-Plattformen verteilt, wo sie zum Verkauf stehen. Dieser Moment bildet den Höhepunkt der kreativen Reise:

> *Für Modedesigner und ihr Team ist es unglaublich motivierend zu erleben, wie ihre sorgfältig entworfenen Kreationen von Menschen begeistert aufgenommen und wertgeschätzt werden.*

9. WERBUNG

Marketing und Promotion sind unverzichtbare Bestandteile im Prozess des Modedesigns und entscheidend dafür, die Entwürfe und die Idee der Marke weltweit bekannt zu machen. (Marketing bedeutet, kreative Wege zu finden, um Menschen über die neue Kollektion zu informieren und sie dafür zu begeistern. Promotion umfasst spezielle Aktionen, wie zum Beispiel spannende Events, die die Kleider populärer machen.) Marketingexperten und Designer arbeiten eng zusammen, um die Inspiration der Kollektion durch Fotoshootings oder Videos zu präsentieren. Diese Bilder werden in Lookbooks, auf Modeblogs und Online-Plattformen gezeigt oder direkt an Einzelhändler und Medien gesendet. Durch kluge Marketingstrategien erreicht die Marke mehr Menschen und baut ihr Markenimage weiter aus.

Mode ist Teamarbeit

Im Modedesign ist die Zusammenarbeit entscheidend. Designer kreieren ihre Kollektionen nicht im Alleingang; sie sind vielmehr Teil eines kreativen Netzwerks, das gemeinsam daran arbeitet, Ideen erfolgreich umzusetzen. Dieses Netzwerk besteht nicht nur aus Assistenten, sondern auch aus Kollegen mit ähnlichem Erfahrungsschatz, die in den verschiedensten Bereichen – von Messebesuchen bis hin zur Stoffauswahl, der Gestaltung von Moodboards und der Entwicklung neuer Schnitttechniken – wesentlich zum Erfolg beitragen.

Weil die Zeit bis zur nächsten Show immer knapp ist, müssen alle Hand in Hand arbeiten, um die Kollektion rechtzeitig fertigzustellen. Ein Top-Designer zu sein bedeutet also nicht nur, ein Auge fürs Detail zu haben und kreativ zu sein, sondern auch hervorragend kommunizieren zu können. Darüber hinaus sollte er offen für Teamarbeit sein und Spaß daran haben, gemeinsam kreative Lösungen zu finden. Klingt das nach etwas, was du machen möchtest?

Diese Aufgabe fordert dich dazu auf, deine Leidenschaft für Modedesign zu reektieren. Wenn du den Grund verstehst, warum du diesen beruichen Weg einschlagen möchtest, hilft es dir, motiviert zu bleiben und deine Ziele klarer zu sehen. Schreibe auf, was dich inspiriert, welche Ziele du erreichen möchtest und wo du dich in 10 Jahren siehst.

BERUFE
in der *Modewelt*

Die Modebranche bietet weit mehr als nur das Entwerfen von Kleidung. Über die Rolle des Modedesigners hinaus gibt es zahlreiche spannende Karrieremöglichkeiten, die alle dazu beitragen, die Welt der Mode außergewöhnlich zu gestalten. Entdecken wir gemeinsam einige dieser faszinierenden Berufe!

MODEFOTOGRAF

Modefotografen sind unverzichtbar für die Erstellung von Bildmaterial für Werbekampagnen, Katalogen und Modemagazinen. Sie arbeiten eng mit Modedesignern und renommierten Modehäusern zusammen, um sicherzustellen, dass ihre Fotografien das Markenimage authentisch vermitteln. Ihre Arbeit findet sowohl in professionellen Studios als auch an öffentlichen Orten statt, wobei sie stets darauf bedacht sind, die neuesten Trends und Designs ins rechte Licht zu rücken.

EINKÄUFER

Modeeinkäufer spielen eine wichtige Rolle dabei, auszuwählen, welche Kleidung und Accessoires in die Läden kommen. Sie schauen sich an, was Kunden mögen – welche Stile, Farben und Trends gerade beliebt sind – um Kollektionen zusammenzustellen, die nicht nur gut ankommen, sondern auch den Verkauf ankurbeln. Sie achten auch darauf, wie viel Geld die Kunden ausgeben möchten, um die Preise entsprechend zu gestalten. Für diesen Job braucht man ein gutes Gefühl für Trends, die Fähigkeit, gut zu verhandeln, und ein Verständnis dafür, wie man Budgets plant.

VISUAL MERCHANDISER

Visual Merchandiser sind Leute, die Schaufenster und das Innere von Läden so gestalten, dass die Produkte cool aussehen und mehr Leute sie kaufen möchten. Sie nutzen Farben und Lichter, um den Laden einladend zu machen, sodass Kunden gerne eintreten und sich umschauen. In diesem Job ist es wichtig, kreativ zu sein und genau zu wissen, wie man einen Laden so einrichtet, dass er die besondere Art einer Marke zeigt, wie zum Beispiel ihren Stil und ihre Werte.

VISAGISTEN UND FRISEURE

Bei Modenschauen, Fotoshootings, Magazinen und Werbevideos sind Make-up-Artists und Hairstylisten wichtige Teammitglieder. Sie sorgen dafür, dass die Models perfekt für den jeweiligen Anlass gestylt sind, was Schminken und Frisieren einschließt. Sie arbeiten eng mit den Designern zusammen, um einen Look zu kreieren, der die Kleidung ideal ergänzt und die gewünschte Stimmung verstärkt. Gerade bei großen Modenschauen ist das Können der Visagisten und Friseure entscheidend, um die Models auf dem Laufsteg besonders hervorzuheben.

MODELS

Modemarken nutzen Models, um Kleidung, Make-up und Accessoires in Magazinen, auf Laufstegen und in Werbekampagnen zu zeigen. Models arbeiten dabei eng mit

Stylisten und Make-up-Artists zusammen, um ihren Look zu kreieren. Außerdem ist es ihre Aufgabe, ihre individuelle Persönlichkeit und ihren einzigartigen Stil vor der Kamera und auf dem Laufsteg zum Ausdruck zu bringen.

STORE-MANAGER

Store-Manager sind das Herzstück des Einzelhandels und verantwortlich dafür, dass ihr Laden immer top bestückt und visuell einladend ist. Ihre Rolle beinhaltet genaue Preisfindung und die kreative Präsentation der Produkte, um Kunden zum Kauf zu animieren. Außerdem kümmern sie sich um die Auswahl und Schulung des Teams, um einen erstklassigen Kundenservice zu gewährleisten. Sie schaffen eine positive Arbeitsatmosphäre und stärken den Teamzusammenhalt sowie die Produktivität der Mitarbeiter.

E-COMMERCE-MANAGER

Als E-Commerce-Manager in der Modebranche führt man den digitalen Marktplatz der Marke. In enger Zusammenarbeit mit den Design-Teams gestaltet man einen stilvollen und benutzerfreundlichen Online-Shop. Es ist die eigene Aufgabe, sicherzustellen, dass alle Produkte präzise beschrieben und mit klaren Preisen versehen sind. Außerdem spielt man eine zentrale Rolle im digitalen Marketing, ob durch aktive Beteiligung auf Social-Media-Plattformen wie Instagram oder TikTok, um mit ansprechenden Posts und Interaktionen Aufmerksamkeit zu erregen, oder durch zielgerichtete E-Mail-Kampagnen, die die Marke online vorantreiben. Im Kern geht es darum, den Kunden ein nahtloses und beeindruckendes Online-Shopping-Erlebnis zu bieten und so die digitalen Verkaufszahlen der Marke zu steigern.

STYLISTEN

Mode-Stylisten agieren als kreative Berater für Models und Prominente, indem sie in enger Zusammenarbeit mit Designern und Modemarken die idealen Looks für Fotoshootings, Musikvideos und Rote-Teppich-Events kreieren. Mit ihrem tiefen Verständnis für aktuelle Modetrends sorgen sie dafür, dass jedes Outfit perfekt inszeniert ist und die Persönlichkeit des Trägers unterstreicht.

MODEJOURNALISTEN

Modejournalismus ist darauf ausgerichtet, die Öffentlichkeit über die neuesten Trends und Entwicklungen in der Modebranche zu informieren. Journalisten in diesem Feld recherchieren intensiv, indem sie mit Stylisten zusammenarbeiten, Interviews mit Designern führen und Events wie Modenschauen und Fotoshootings besuchen. Ihre Erkenntnisse teilen sie dann durch Artikel und Beiträge in Modemagazinen, auf Online-Seiten und Social-Media-Plattformen. Für diesen Job sind ein tiefes Modeverständnis, starke Schreibfähigkeiten und ein Gespür für Trends unverzichtbar.

SOCIAL-MEDIA-MANAGER

Soziale Medien spielen eine zentrale Rolle in der Kommunikation von Modemarken mit ihrer Community. Social-Media-Manager kreieren und teilen Inhalte wie Fotos, Videos und Stories auf verschiedenen Plattformen, interagieren mit Kommentaren und Nachrichten und pflegen die Beziehung zu Followern. Ihr Ziel ist es, die Begeisterung für die Marke aufrechtzuerhalten und Interesse an den neuesten Produkten und Trends zu wecken. Ein gutes Verständnis für digitales Marketing und die Fähigkeit, kreative Inhalte zu gestalten, sind entscheidend.

Modekontraste
VON „FAST FASHION“ BIS *Luxus*

WAS IST „FAST FASHION“?

„Fast Fashion" steht für preiswerte, trendige Bekleidung, die nur kurze Zeit getragen wird. Fast-Fashion-Designer orientieren sich an Promi-Trends und produzieren kostengünstige Varianten in Massen für große Handelsketten. Die Qualität steht dabei nicht im Vordergrund, was oft zu schneller Abnutzung oder Verlust der modischen Aktualität führt und zum Wegwerfen der Kleidung veranlasst. Zudem werden für die Produktion häufig Arbeitskräfte aus ärmeren Ländern unter schlechten Arbeitsbedingungen und für sehr geringen Lohn beschäftigt. Die hohe Abfallmenge stellt außerdem eine Belastung für die Umwelt dar.

WAS IST LUXUSMODE?

Mode spielt eine große Rolle in unserem Leben. Sie beeinflusst nicht nur, wie wir aussehen und uns fühlen, sondern auch, wie wir auf unsere Umwelt und Gesellschaft wirken. In der Welt der Luxusmode werden hochwertige Materialien verwendet, die sowohl auf Langlebigkeit ausgelegt sind als auch darauf, durch die Zeiten hindurch relevant zu bleiben. Diese Art von Mode wird oft in limitierter Auflage von Hand gefertigt, was nicht nur ihre Exklusivität, sondern auch die Aufmerksamkeit fürs Detail und die Qualität betont. Der Gedanke hinter zeitloser Mode ist, dass sie über Jahre hinweg getragen werden kann, ohne alt zu wirken. Dies steht im Gegensatz zu den schnelllebigen Trends der Fast-Fashion-Industrie, die oft zu Lasten unserer Umwelt und der Arbeitsbedingungen der Mitarbeiter geht. In unserer heutigen Welt, in der Bewusstsein für Umweltfragen und soziale Gerechtigkeit immer mehr an Bedeutung gewinnt, sollten wir Mode wählen, die nicht nur stilvoll, sondern auch freundlich zu unserem Planeten und seinen Bewohnern ist.

Nachhaltige Mode
WEGE IN EINE BEWUSSTE
Zukunft

Als zukünftiger Modedesigner spielst du eine wichtige Rolle darin, die Modeindustrie nachhaltiger und ethischer zu gestalten. Nachhaltigkeit in der Mode bedeutet, die Bedürfnisse deiner Kunden zu erfüllen, während gleichzeitig die Umweltauswirkungen minimiert werden, um die Lebensqualität für zukünftigen Generationen zu bewahren. Dies umfasst die bewusste Auswahl von Materialien und Nutzung von Produktionsverfahren, die den ökologischen Fußabdruck verringern.

Bio-Baumwolle – zum Beispiel – benötigt deutlich weniger Wasser und kommt ohne die schädlichen Pestizide aus, die bei herkömmlicher Baumwolle verwendet werden. Es ist wesentlich, dass nachhaltige Modemarken auf Chemikalien und Farbstoffe verzichten, die lokale Ökosysteme schädigen könnten. Darüber hinaus ist bei Online-Bestellungen die Art und Weise, wie Produkte verpackt und versendet werden, entscheidend. Marken, die Nachhaltigkeit ernst nehmen, sollten auf recycelte Materialien setzen und Überproduktion vermeiden, um Müll zu reduzieren.

In deiner Rolle als zukünftiger Modedesigner hast du die einmalige Gelegenheit, die Modebranche positiv zu beeinflussen. Indem du Nachhaltigkeit in deine Entwürfe einbeziehst, trägst du dazu bei, die Mode verantwortungsvoller und umweltfreundlicher zu gestalten.

VERWANDLE ALTE KLEIDUNG IN STYLISCHE HAARGUMMIS-UPCYCLING MIT STIL!

Lass uns die spannende Welt des Upcyclings erkunden, indem wir alte Kleidungsstücke in etwas Einzigartiges und Stilvolles verwandeln. In diesem Projekt zeigen wir dir, wie du ausgemusterte T-Shirts oder Pullover clever wiederverwerten kannst.

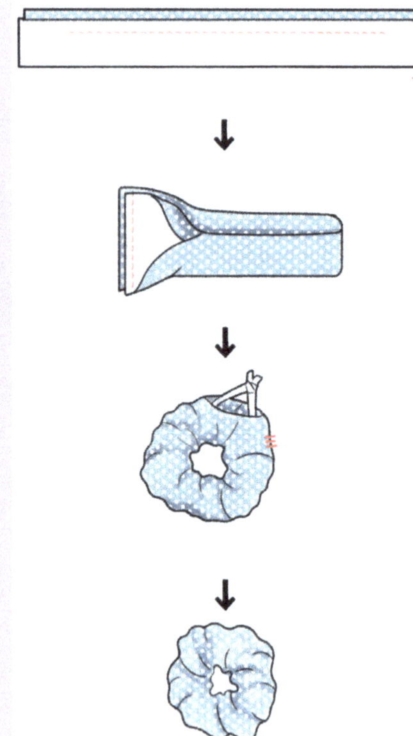

Du brauchst:

- alte Kleidung oder Stoffreste
- Gummiband
- eine Nähnadel
- Faden

So geht's:

1. Schneide den Stoff in Rechtecke (etwa 10 cm breit und 45 cm lang).
2. Falte das Rechteck der Länge nach mit der schönen Seite des Stoffs nach innen.
3. Stecke die lange Seite ab und nähe sie entlang, lasse dabei die Enden offen.
4. Wende das Stoffrohr nach außen.
5. Ziehe das Gummiband durch und nähe die Enden zu einer Schlaufe zusammen.
6. Klappe die offenen Stoffenden nach innen und nähe sie zu.
7. Schneide überschüssigen Stoff und Fäden ab.
8. Wiederhole den Vorgang mit weiteren Stoffstücken.

   Viel Spaß beim Tragen deiner selbestgemachten Haargummis!

Die Modebranche orientiert sich an den vier Hauptjahreszeiten. Mit jeder Saison kommen frische Trends und Stile auf, welche die lebendige und stetig wechselnde Natur der Modewelt unterstreichen.

Der Modekalender dient als Leitfaden für das Jahr und markiert Schlüsselereignisse wie Modewochen, Fachmessen und andere bedeutende Veranstaltungen in der Fashion-Welt.

Besonders die Modewochen, die zweimal jährlich in den führenden Modemetropolen – Paris, New York, Mailand und London – stattfinden, sind herausragende Highlights. Sie bieten eine Bühne für Designer, um innovative Trends und Designs in eindrucksvollen Shows zu enthüllen.

Fachmessen spielen ebenfalls eine zentrale Rolle, indem sie einen Raum für den Austausch zwischen Modeeinkäufern, Einzel- und Großhändlern schaffen. Hier haben Designer die Möglichkeit, ihre Kollektionen vorzustellen und direkt mit dem Markt zu interagieren. Die ständige Entwicklung der Mode macht den Modekalender zu einem nützlichen Werkzeug für Designer, um ihre Arbeit zeitgerecht sowie gut zu planen und vorzustellen. Für alle, die Mode lieben, bietet jeder Wechsel der Saison spannende Einblicke in zukünftige Trends und die Möglichkeit, den eigenen Stil weiterzuentwickeln.

Diese Fragen sollen dir dabei helfen, deinen eigenen Stil zu entdecken und deine Modeträume zu konkretisieren. Keine Sorge, wenn du noch nicht auf alles eine Antwort hast. Nutze die Gelegenheit, über deine Ziele in der Modebranche nachzudenken.

1. Welche Art von Modedesign macht dir besonders viel Spaß?

2. Welchen Namen würdest du deiner Marke geben und warum?

3. Wer könnte in deinen Träumen deine Designs tragen?

4. Welcher Modetrend begeistert dich zurzeit am meisten?

5. Gibt es Modedesigner, die dich inspirieren? Warum?

6. Mit welchen Materialien arbeitest du am liebsten?

7. Wie planst du, deine Designs nachhaltig und umweltbewusst zu gestalten?

8. Wie stellst du dir deine ideale Modenschau vor?

DAS GESTALTEN EINER *Kollektion*

In diesem Kapitel tauchst du tief in den Prozess ein, wie aus ersten Ideen eine fertige Modekollektion wird. Wir führen dich durch alle wichtigen Schritte – von der ersten Inspiration über das Experimentieren mit Farben bis hin zur Erstellung deines eigenen Moodboards.

Du lernst Wichtiges über Stoffe, Musterentwicklung, Schnitttechniken und den spannenden Weg, wie aus deinen Entwürfen tragbare Mode wird. Außerdem entdeckst du verschiedene Nähtechniken, erfährst, wie du deine Designs mit einzigartigen Details aufwertest und nimmst an spannenden Aktivitäten teil, die dir den Designprozess näherbringen.

INSPIRATIONEN, Konzepte und Themen

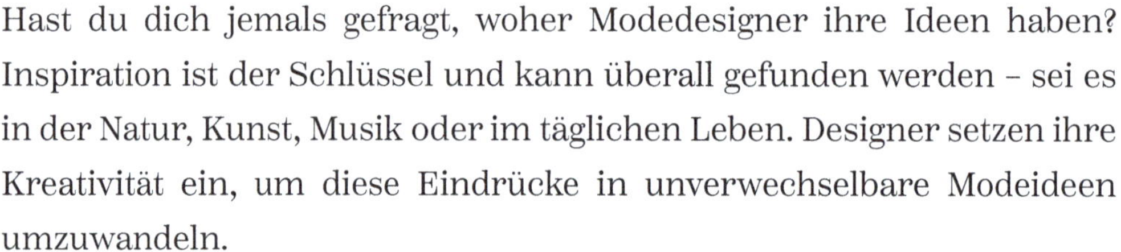

Hast du dich jemals gefragt, woher Modedesigner ihre Ideen haben? Inspiration ist der Schlüssel und kann überall gefunden werden – sei es in der Natur, Kunst, Musik oder im täglichen Leben. Designer setzen ihre Kreativität ein, um diese Eindrücke in unverwechselbare Modeideen umzuwandeln.

Ausgehend von einer klaren Inspirationsquelle formen Designer ein Konzept, das als Grundlage für ihre Kollektion dient. Ein Designer könnte beispielsweise von der Einzigartigkeit des Mittelmeers inspiriert werden, mit einer Farbpalette aus Blau- und Grüntönen und Materialien, die Frische und Natürlichkeit vermitteln.

Diese anfängliche Inspiration führt zu ersten Skizzen, dem Sammeln von Material und Bildern für das Moodboard, der Auswahl passender Stoffe und Farben bis hin zur Umsetzung der finalen Kleidungsstücke. Es bleibt stets spannend zu verfolgen, wie eine Idee sich zu einem fertigen Kleidungsstück entwickelt.

1. Beginne damit, die aktuellen Tragegewohnheiten und Modestile der Leute zu beobachten. Erkennst du bestimmte Muster oder Trends? Überlege, was diese Trends antreiben könnte.

2. Besuche unterschiedliche Orte wie ein Kunstmuseum oder setz dich auf eine Parkbank, um andere Menschen zu beobachten. Du kannst auch in Modezeitschriften oder online stöbern, um neue Trends zu entdecken.

3. Halte deine Beobachtungen fest und überlege, warum bestimmte Stile gewählt werden. Dadurch kannst du Vorhersagen darüber treffen, welche Trends in der kommenden Saison angesagt sein könnten. Könnten beispielsweise Cargohosen (lässige, robuste Hosen mit großen Seitentaschen) ein Comeback erleben? Welche Farben werden deiner Meinung nach im Trend liegen?

4. Sei offen und kreativ in deinen Überlegungen – manchmal entstehen die spannendsten Trends an unerwarteten Stellen.

5. Notiere deine Ideen und Überlegungen, denn sie sind der Grundstein für deine eigenen Designentwürfe.

6. Nun kannst du die gesammelten Ideen nutzen, um sie in deine eigenen Modedesigns einfließen zu lassen. .

Tend #1:

Tend #2:

Tend #3:

ERKUNDEN VON *Farben* UND PALETTEN

Farben sind ein wichtiges Element im Design, denn sie beeinflussen Stimmung und Stil eines jeden Outfits. Ein grundlegendes Verständnis von Farben und ihrer Kombination ist für jeden Designer unerlässlich. Wir erklären dir hier die wichtigsten Grundlagen.

DIE GRUNDLAGEN DER FARBE

Farbe entsteht durch Licht und seine Interaktion mit Objekten. Trifft Licht auf ein Objekt, wird es absorbiert, reflektiert oder durchgelassen, wobei die reflektierte Lichtart die Farbe bestimmt, die wir sehen. Ein roter Apfel erscheint rot, weil er rotes Licht reflektiert und alle anderen Farben absorbiert.

Es gibt drei Primärfarben: Rot, Gelb und Blau, die nicht durch Mischen anderer Farben entstehen. Sekundärfarben wie Grün entstehen durch das Mischen von zwei Primärfarben (z.B. Gelb und Blau). Tertiärfarben resultieren aus dem Mischen einer Primär- und einer Sekundärfarbe, was Nuancen wie Blau-Grün oder Rot-Violett ergibt.

Es gibt vier Typen von Farbpaletten: monochrom, analog, komplementär und triadisch. Eine *monochrome* Palette nutzt verschiedene Schattierungen einer Farbe, *analoge* Farben liegen nebeneinander auf dem Farbkreis, *komplementäre* gegenüber, und *triadische* sind gleichmäßig auf dem Farbkreis verteilt. Dieses Wissen ermöglicht Modedesignern, Outfits zu kreieren, die genau die gewünschte Stimmung vermitteln.

FARBKREIS

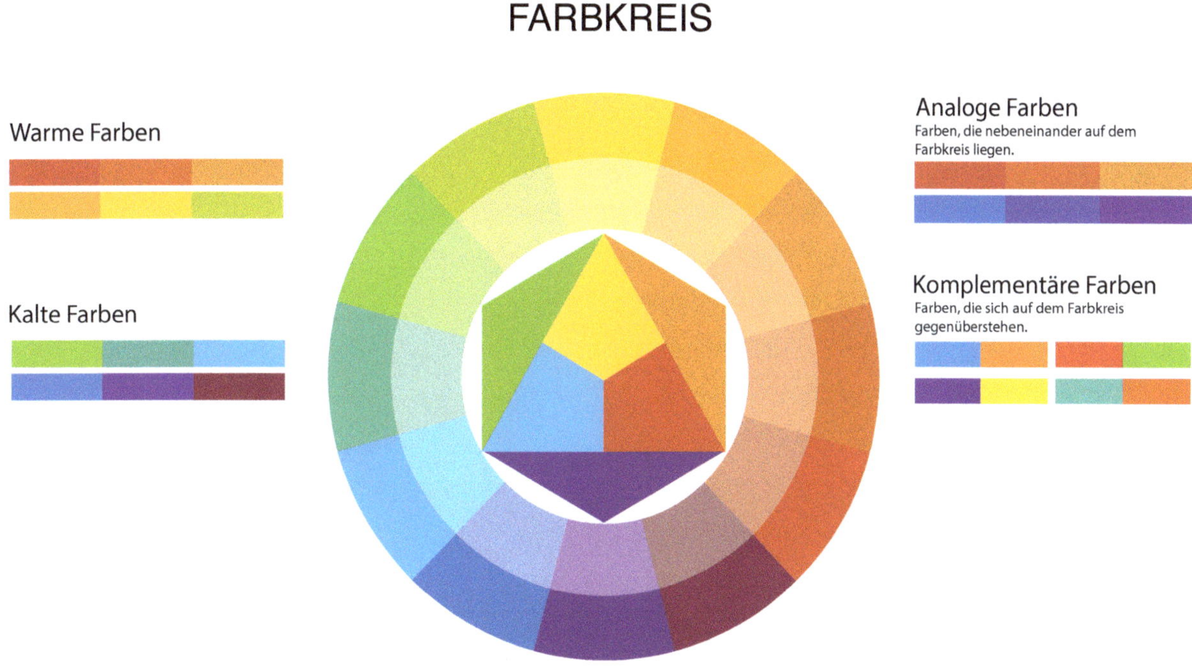

In dieser Übung kreierst du deine persönliche Farbpalette für eine Modelinie. Starte mit der Wahl einer Hauptfarbe und füge dann zwei bis drei ergänzende Farbtöne hinzu, die eine stimmige Kombination ergeben. Nutze den Farbkreis als Orientierungshilfe, um Farben auszuwählen, die miteinander harmonieren.

FARBPALETTE #1

FARBPALETTE #2

FARBPALETTE #3

Ein Moodboard *erstellen*

Moodboards sind eine kreative Methode, um deinen individuellen Stil zu formen und Ideen zu visualisieren, bevor die Arbeit an einer Kollektion startet. Bilder, Texturen und Farben bilden eine Collage, die eine spezifische Stimmung oder ein bestimmtes Thema vermittelt. In der Modewelt nutzen Designer und Stylisten Moodboards, um Inspirationen zu sammeln und ihre kreativen Vorstellungen greifbar zu machen, noch bevor der eigentliche Designprozess beginnt.

Nachfolgend findest du einige hilfreiche Tipps für die Erstellung deines persönlichen Moodboards:

1   **Thema festlegen:** Überlege dir zunächst ein Thema oder eine Stimmung, die dein Moodboard vermitteln soll. Dies könnte eine spezifische Farbpalette, ein Mode-Stil (z. B. Vintage oder Boho) oder sogar eine bestimmte Epoche sein.

2   **Bilder sammeln:** Beginne mit der Suche nach Bildern, die zu deinem gewählten Thema passen. Diese kannst du aus Zeitschriften ausschneiden oder online finden. Du kannst aber auch eigene Fotos verwenden. Achte auf Kleidungsstücke, Accessoires, Texturen, Muster und Farben, die dich inspirieren.

3 **Anordnung der Bilder:** Sobald du genügend Material gesammelt hast, beginne mit dem Anordnen auf einem großen Blatt Papier oder einer Pinnwand. Experimentiere mit verschiedenen Platzierungen und Kombinationen, bis du eine ausgewogene und ästhetisch ansprechende Anordnung findest. Befestige deine Bilder mit Klebstoff oder Pins.

4 **Ergänzungen hinzufügen:** Um dein Moodboard noch interessanter zu gestalten, kannst du Texte oder andere dekorative Elemente einfügen. Schreibe inspirierende Zitate auf, füge Beschreibungen zu deinen bevorzugten Looks hinzu oder dekoriere mit Elementen wie Stoffmustern oder Bändern.

5 **Präsentation deines Moodboards:** Platziere dein fertiges Moodboard an einem Ort, an dem du es regelmäßig siehst, z. B. an der Wand deines Zimmers oder in deinem Kleiderschrank. Nutze es als Inspiration beim Zusammenstellen deiner Outfits, beim Einkaufen neuer Materialien oder beim Entwerfen eigener Kreationen.

Ein Moodboard soll die Atmosphäre oder Idee widerspiegeln, die du vermitteln möchtest. Es gibt dabei kein Richtig oder Falsch. Freu dich einfach auf den kreativen Prozess und mach dir keine Sorgen um Perfektion.

STOFFE & MATERIALIEN

Stoffe und Materialien bilden das Fundament des Modedesigns. Designer wählen aus einem vielfältigen Spektrum an Materialien, um Kleidung, Accessoires und Schuhe zu gestalten. Zu den am häufigsten verwendeten Stoffen zählen Baumwolle, Seide, Wolle, Polyester und Denim.

Baumwolle ist aufgrund ihrer Weichheit, Atmungsaktivität und Vielseitigkeit sehr beliebt. Sie kommt in der Herstellung von allem Möglichen zum Einsatz, von T-Shirts bis hin zu Kleidern, und ist ein Grundelement vieler Garderoben.

Seide gilt als luxuriöser Stoff, geschätzt für ihre glatte und glänzende Beschaffenheit, und wird oft für gehobene Kleidung wie Abendkleider und Krawatten verwendet.

Wolle, bekannt für ihre Wärme und Strapazierfähigkeit, wird vorwiegend für Mäntel, Jacken und Anzüge genutzt. Sie ist in verschiedenen Stärken und Texturen erhältlich, muss aber sorgfältig behandelt werden, um ein Einlaufen zu vermeiden.

Polyester, ein kostengünstiger synthetischer Stoff, ist beliebt wegen seiner Pflegeleichtigkeit und der Verfügbarkeit in zahlreichen Farben und Mustern. Er findet häufig Verwendung in Freizeitbekleidung wie T-Shirts und Sportkleidung.

Denim, ein widerstandsfähiger und vielseitiger Stoff, wird gerne für Jeans, Jacken und Röcke verwendet. Er ist in verschiedenen Farben erhältlich und somit eine gefragte Wahl für Freizeit und Berufsbekleidung.

Neben traditionellen Materialien setzen Designer vermehrt auf innovative und alternative Stoffe wie Tencel, einen biologisch abbaubaren Stoff aus Holzcellulose, Piñatex, ein aus Ananasblätterfasern gewonnenes Material, das als Lederalternative dient, sowie synthetische Stoffe wie PVC und Nylon, um modische, funktionale und komfortable Kleidung zu kreieren. Zusätzlich rücken ökologische Stoffe, gefertigt aus nachhaltigen Ressourcen, in den Vordergrund. Materialien wie Bio-Baumwolle, die ohne schädliche Chemikalien angebaut wird, und Hanf, der weniger Wasser verbraucht, fördern eine umweltfreundlichere Modeindustrie. Die Verwendung zeigt den Einsatz der Modebranche für Umweltschutz und ethische Produktionsmethoden.

Indem Designer bewusst Materialien wählen, die nicht nur ästhetisch ansprechend, sondern auch nachhaltig sind, leisten sie einen Beitrag zur Förderung einer verantwortungsvollen Modeindustrie, die sowohl die Umwelt als auch die sozialen Bedingungen der Produktion berücksichtigt.

Es ist auch wichtig zu betonen, dass technologische Fortschritte neue Möglichkeiten eröffnen. Stoffe, die die Körpertemperatur regulieren, Feuchtigkeit kontrollieren oder sogar mit dem Internet verbunden sein können, bringen frischen Wind in die Modewelt. Recycling und Upcycling sind ebenso wichtig für die Entwicklung neuer Materialien, um die Modeindustrie nachhaltiger zu machen. Diese Innovationen erweitern die kreativen Möglichkeiten für Designer und tragen gleichzeitig zu einer verantwortungsbewussteren Mode bei.

Diese unterhaltsame und lehrreiche Aufgabe wird dir dabei helfen, ein tieferes Verständnis für die Stoffe und Materialien zu erlangen, die in der Modeindustrie zum Einsatz kommen.

Benötigte Materialien:

- Verschiedene Kleidungsstücke aus deinem Kleiderschrank wie T-Shirts, Röcke, Taschen, Mäntel oder Badeanzüge.

Anleitung:

1. Wähle verschiedene Kleidungsstücke aus, die sich durch einzigartige Texturen und Merkmale wie Weichheit, Rauheit, Glätte oder Glanz auszeichnen.

2. Leg die Kleidungsstücke flach auf den Tisch und erkunde sie durch Betasten und genaues Beobachten ihrer Webart, Farbe und Muster.

3. Versuche, das Material jedes Kleidungsstücks anhand seiner Beschaffenheit, Dichte und Optik zu identifizieren.

4. Notiere deine Antworten zu jedem Kleidungsstück.

5. Überprüfe nun die Etiketten. Vergleiche deine Einschätzungen mit den echten Materialangaben auf den Etiketten. Wie viele Stoffarten hast du erkannt?

MODE-SKIZZIERUNG UND ENTWURF

Modedesign-Skizzen spielen eine entscheidende Rolle im Entstehungsprozess deiner Modekollektion. Sie sind das Werkzeug, mit dem du deine kreativen Gedanken visualisierst und erste Entwürfe deiner Ideen zu Papier bringst. Eine Skizze zeigt die wichtigsten Aspekte eines Designs: die Form, Struktur, das gewählte Material und spezielle Details.

Du hast die Freiheit, mit unterschiedlichen Materialien zu arbeiten – sei es mit Bleistiften, Markern oder auch digitalen Mitteln wie Tablets und Computern. Ein beliebtes Hilfsmittel dabei sind *Croquis*, also vorgezeichnete Figuren, die es dir erleichtern, deine Designs mit realistischen Proportionen und Posen zu entwerfen und so die Passform deiner Kreationen zu optimieren.

Beim Skizzieren solltest du alle Elemente deines Entwurfs genau bedenken – von der Silhouette über den Stoff bis hin zu Verzierungen und Accessoires. Doch Modezeichnungen sind mehr als nur ein Arbeitsschritt für Designer, denn sie bieten auch eine wunderbare Möglichkeit, kreativ zu werden und verschiedene Modestile zu erforschen.

Im dritten Kapitel wirst du mehr darüber lernen, wie du deine eigenen Modezeichnungen mit Croquis kreieren kannst.

Jetzt bist du an der Reihe, dich an deinem ersten Modedesign zu versuchen! Verwende den beigefügten Croquis, um dein erstes Outfit zu skizzieren. Mach dir keine Sorgen, wenn es nicht sofort perfekt ist. Es handelt sich immerhin um einen ersten Versuch. Im Laufe dieses Buches wirst du tiefer in die Kunst des Modezeichnens eintauchen und lernen, wie du deine Entwürfe verfeinerst.

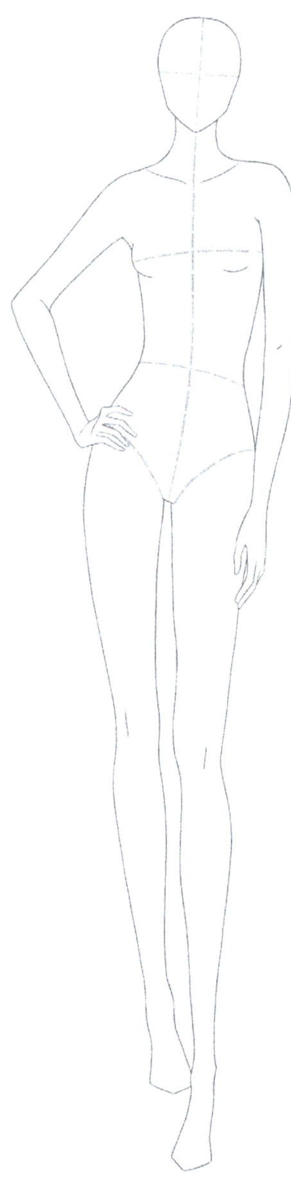

DRUCK DESIGN

In der Welt der Mode bezeichnet der Begriff „Print" die vielfältigen Muster oder Designs, die auf den Stoff von Kleidungsstücken aufgetragen werden, um diese optisch aufzuwerten. Die Bandbreite der Printarten reicht von floralen und tierischen Mustern über geometrische Formen bis hin zu abstrakten Designs. Das Aufbringen von Prints ist ein zentraler Aspekt der Textilgestaltung, der ähnlich wie das Färben von Stoffen dazu dient, Kleidung lebendig und ansprechend zu machen.

Zur Erstellung von Druckmustern stehen verschiedene Techniken zur Verfügung. Beliebte Methoden sind der Sieb, Digital- sowie Blockdruck und die Handmalerei. Jede dieser Techniken bietet ein spezifisches Verfahren und erzielt einzigartige Effekte. Dadurch erhalten Designer ein breites Spektrum an Möglichkeiten, ihre Kreativität in ihren Entwürfen zum Ausdruck zu bringen.

WAS IST EIN „RAPPORT PRINT"?

Wenn Textildesigner bedruckte Stoffe kreieren, nutzen sie häufig die Technik der *Rapporte*. Dabei wird das Muster so entworfen, dass es an den Rändern genau aufeinanderpasst und sich nahtlos fortsetzt. Der Punkt, an dem ein Design wieder beginnt, wird als „Rapport" bezeichnet. Diese Methode erweckt den Eindruck eines endlosen Musters. Diese Technik wird traditionell in der Textilgestaltung verwendet, wobei heutzutage digitale Technologien die Entwicklung verschiedenster Rapportarten erleichtern. Rapporte werden nicht nur für Stoffe, sondern auch in der Tapetenproduktion eingesetzt.

Aufgabe

ERSTELLE EINEN RAPPORT-PRINT

Gestalte vier originelle Druckmuster und probiere verschiedene Motive aus (z. B. Blumen, geometrische Formen oder Graffiti).

Platzierungsdrucke sind ideal, um besondere Akzente auf Kleidungsstücke wie T-Shirts oder Kleider zu setzen. Anders als ein Rapport bedecken sie nicht den gesamten Stoff, sondern werden gezielt an bestimmten Stellen angebracht. Designer entwickeln dafür spezielle Grafiken oder Muster, die genau auf diese Bereiche zugeschnitten sind – wie dieses T-Shirt-Design beweist!

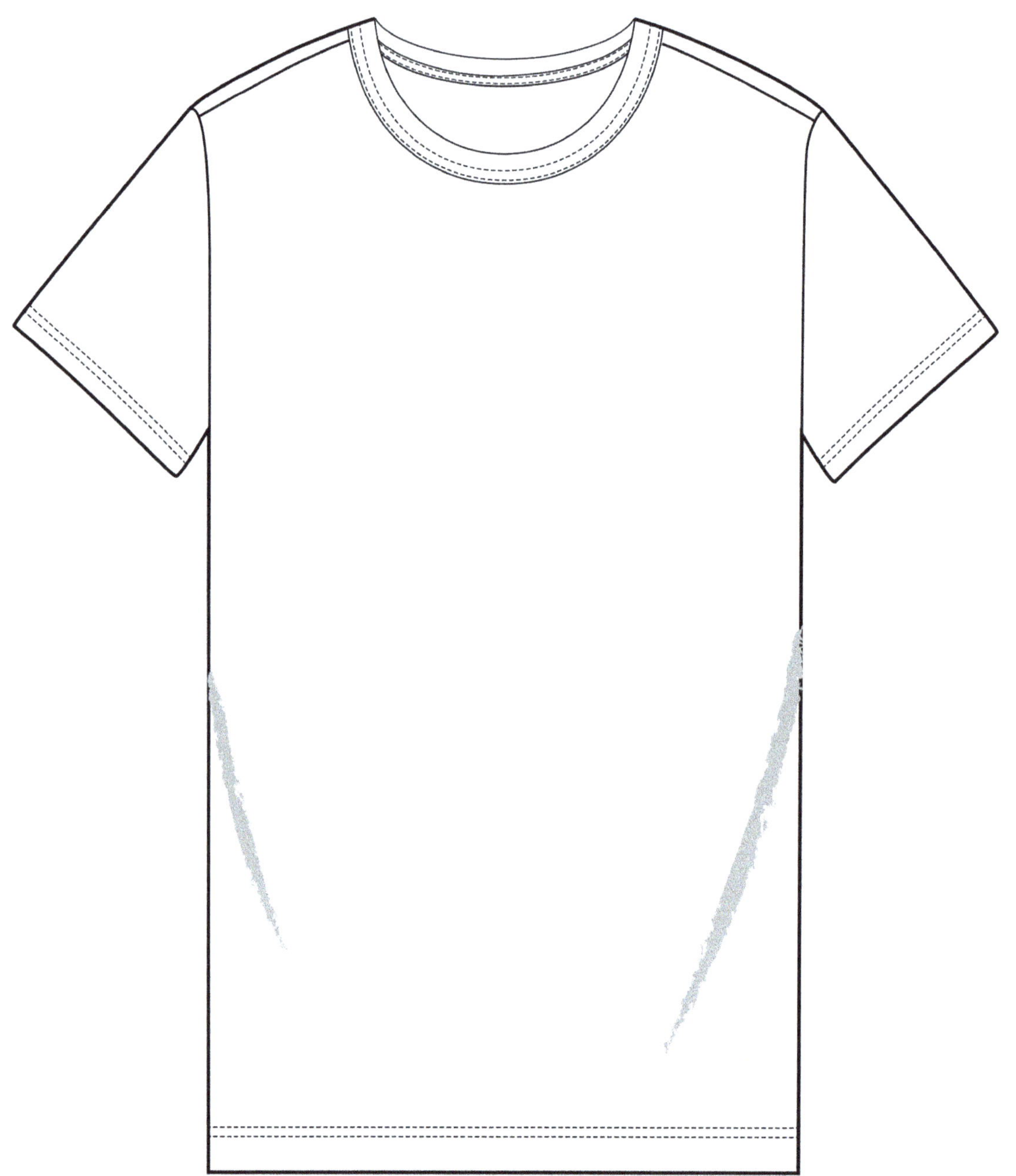

SCHNITTTECHNIK
UND *Drapierung*

Die Erstellung von Schnittmustern ist eine grundlegende Fähigkeit im Modedesign, mit der eine Vorlage oder ein „Muster" für Entwürfe geschaffen wird. Diese Vorlagen sind entscheidend, um Stoffe präzise zuzuschneiden und ein Kleidungsstück so zu gestalten, dass es optimal passt und visuell ansprechend wirkt.

Es gibt hauptsächlich zwei Methoden der Schnittmustererstellung: das flache Schnittmuster und die Drapierung. Flache Schnittmuster, oft auf Papier oder Karton gezeichnet, sind ideal, um Grundmuster für verschiedene Kleidungsgrößen zu entwickeln. Dabei werden genaue Maße genommen, das Design skizziert und Nahtzugaben eingerechnet – das sind zusätzliche Ränder, die sicherstellen, dass die Stoffteile exakt vernäht werden können und das fertige Kleidungsstück perfekt sitzt.

Die Drapierungsmethode hingegen umfasst das Arrangieren des Stoffes direkt auf einer Schneiderpuppe. So können Designer mit Stoffen, Farben und Silhouetten experimentieren und einzigartige Kreationen schaffen, die über flache Schnittmuster hinausgehen. Digitale Technologien spielen eine wichtige Rolle bei der Erstellung von Schnittmustern und Drapierungen. Sie ermöglichen genauere Schnitte, vereinfachen das Anpassen von Designs und unterstützen schnelles Wiederholen von Mustern. Mit 3D-Modellierung können Designer zudem Stoffe und Designs digital ausprobieren, bevor ein echtes Muster entsteht. Diese Techniken verbessern nicht nur den Designprozess, sondern machen ihn auch nachhaltiger durch Materialersparnis und bessere Passform.

Sowohl die Schnittmustererstellung als auch die Drapierung sind unverzichtbare Fähigkeiten eines Modedesigners. Sie liefern das handwerkliche Fundament für das Verständnis von Schneiderei und Designprozess.

Um die Kunst des Drapierens besser kennenzulernen, kannst du mit einer einfachen Übung starten, die keine Schneiderbüste erfordert. In dieser Aufgabe übst du, wie du Stoffe kreativ auf Papier arrangierst.

Benötigte Materialien:

- Weißes Papier
- Stifte, Buntstifte, Marker
- Stoffkleber
- Stoffreste, Wolle, Federn oder andere kreative Materialien deiner Wahle

Anleitung:

1. Kopiere eine der Modellvorlagen aus diesem Buch auf ein separates Blatt Papier. Dies wird deine Grundlage sein.

2. Experimentiere mit verschiedenen Drapiermethoden, indem du Stoffreste auf der Vorlage anordnest. Beziehe Silhouetten und aktuelle Modetrends mit ein, die du interessant findest, und versuche, ein Outfit wie ein Kleid oder einen Rock zu gestalten.

3. Wenn du mit der Anordnung zufrieden bist, fixiere die Stoffe mit Stoffkleber auf dem Papier, achte dabei auf die genaue Umsetzung deiner Designidee.

4. Vervollständige dein Design, indem du Details wie Accessoires und Frisuren hinzufügst.

Applikationen und Verzierungen

Verzierungen sind im Modedesign unverzichtbar, da sie Kleidungsstücken und Accessoires Charakter und Einzigartigkeit verleihen.

Es gibt zahlreiche Techniken, um Stoffe zu verschönern. Dazu gehören das kunstvolle Anbringen von Stickereien, die Applikation von Perlen, das Zusammenfügen verschiedener Stoffstücke im Patchwork-Stil sowie das Bemalen von Stoffen. Die Möglichkeiten reichen von der Nutzung fertiger Spitzen bis hin zum Entwerfen eigener Dekorationen – der Kreativität sind dabei keine Grenzen gesetzt. Während traditionelle Verzierungsmethoden oft handgefertigt sind, ermöglichen moderne Technologien, diese Kunstformen effizient und in größerem Maßstab umzusetzen.

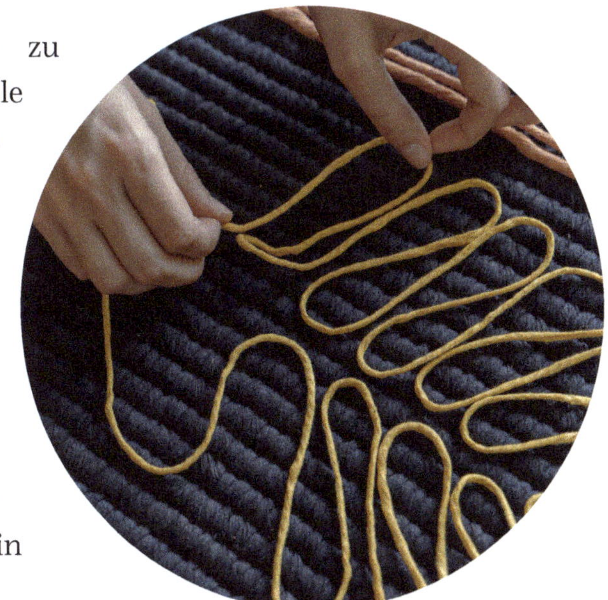

Benötigte Materialien:

- Stoffreste oder einfacher Stoff
- Schere
- Stoffkleber oder bügelbare Klebefolie
- Stoffmarker oder -farben
- Dekorative Elemente wie Knöpfe, Pailletten oder Perlen

Anleitung:

1. Schneide die gewünschte Form deines Stoffaufnähers aus dem Stoff aus.

2. Gestalte den Stoffaufnäher mit Textilmarkern oder -farben.

3. Gib dem Aufnäher mit Stickgarn oder aufnähbaren Deko-Elementen eine persönliche Note.

4. Appliziere Knöpfe, Pailletten oder Perlen mit Textilkleber oder einer Bügelvlieseline.

5. Lasse nun den Aufnäher gemäß den Anleitungen zur Hitzefixierung vollständig trocknen.

6. Um den Aufnäher anzubringen, kannst du ihn wahlweise mit Textilkleber fixieren oder direkt auf ein Kleidungsstück oder Accessoire aufnähen.

Du kannst mehrere individuelle Aufnäher kreieren, um deinen Kleidungsstücken und Accessoires einen persönlichen Touch zu verleihen. Viel Spaß beim Verzieren!

SCHNITTKONSTRUKTION UND *Nähtechniken*

Die Fertigkeiten des Nähens und der Schnittkonstruktion sind fundamentale Säulen im Bereich des Modedesigns, mit denen flache Stoffe in dreidimensionale, tragbare Kunstwerke verwandelt werden. Der erste Schritt dieses kreativen Prozesses umfasst das akribische Zuschneiden des Stoffes anhand eines detaillierten Schnittmusters oder Designentwurfs, woraufhin die einzelnen Teile sorgfältig vernäht werden.

Vom sorgsamen Auswählen des Stoffes über das präzise Messen und Zuschneiden bis hin zum gekonnten Umgang mit der Nähmaschine – jeder Schritt ist entscheidend für die Qualität des Endprodukts. Wichtig dabei ist, dass das Nähen sauber ausgeführt wird, um exakte Nähte zu ermöglichen und so die Langlebigkeit und die ästhetische Qualität des Kleidungsstücks zu garantieren.

Nach dem Vernähen der einzelnen Teile folgt die Fertigstellung. Dieser Schritt beinhaltet das Anbringen von Verschlüssen wie Knöpfen oder Reißverschlüssen, das Säumen der Kanten zur Vermeidung von Ausfransen und das Bügeln, um ein sauberes und glattes Endergebnis zu erzielen.

Diese Techniken sind sowohl in Designerateliers als auch in der massenproduzierenden Bekleidungsindustrie gefragt. Auch wenn spezialisierte Maschinen zum Einsatz kommen, basieren die Prozesse auf den klassischen Grundlagen des Nähens und Konstruierens.

Indem du diese Techniken erlernst, verstehst du besser, wie Kleidung hergestellt wird, und lernst die Arbeit zu schätzen, die in ein qualitativ hochwertiges Kleidungsstück fließt. Diese Kenntnisse helfen dir, ein versierter Modedesigner zu werden. Egal, ob du individuelle Designs umsetzen oder eine professionelle Karriere bei einer großen Modemarke verfolgen möchtest – die Beherrschung von Schnittkonstruktion und Nähfertigkeiten ist essenziell.

Such dir ein altes T-Shirt heraus und schneide die Ärmel sowie den Kragen des T-Shirts entlang der vorgegebenen Linien ab.

SCHNEIDE DIE OBERE NAHT NICHT AUF

1 Achte darauf, die oberen Nähte für die Griffe deiner zukünftigen Tasche intakt zu lassen.

NÄHE DEN BODEN ZUSAMMEN

2 Benutze eine Nähmaschine, um den unteren Teil des T-Shirts zu verschließen. Falls du keine hast, kannst du den unteren Rand auch mit der Hand zusammennähen. Setz die Stiche so dicht, dass der Boden deiner Tasche stabil ist.

3 Jetzt ist deine Tragetasche einsatzbereit. Du kannst sie weiter personalisieren, indem du Muster oder Verzierungen hinzufügst, so wie du es in den anderen Kapiteln gelernt hast.

03

EINFÜHRUNG IN DAS Modezeichnen

In diesem Kapitel führen wir dich in die grundlegenden Werkzeuge und Materialien ein, die du für das Modezeichnen benötigst. Von verschiedenen Stiften und Markern über Skizzenbücher bis hin zu speziellen Modevorlagen – stelle dir alles bereit, damit du sofort loslegen kannst.

Zudem gehen wir auf die Vielfalt der Körperformen ein. Du wirst lernen, wie man Modelle verschiedener Größen, Formen und Geschlechter zeichnet und dabei berücksichtigt, dass jede Person einzigartig ist.

Das Zeichnen von Mode-Figurinen – sei es männlich, weiblich oder kindlich – ist eine essenzielle Fähigkeit. Wir begleiten dich Schritt für Schritt, damit du die Kunst der Proportionen, Posen und die Wiedergabe verschiedener Stile und Charaktere meisterst.

Bist du bereit, in die vielseitige Welt des Modedesigns einzutauchen und deine Zeichenfähigkeiten zu verbessern? Lass uns starten!

MATERIAL UND ZUBEHÖR

Das Modezeichnen ist der Schlüssel, um deine Ideen visuell umzusetzen und mit anderen zu teilen. Du benötigst qualitativ hochwertiges Papier, das robust genug ist, um den Einsatz von Markern und Bleistiften zu unterstützen. Obwohl spezielle Skizzenbücher für Modezeichnungen in Kunstgeschäften erhältlich sind, kannst du anfangs jedes Papier verwenden.

Verschiedene Bleistifthärten ermöglichen es dir, mit Licht und Schatten zu experimentieren, während ein Set von Markern deinen Entwürfen Farbe und Tiefe verleiht. Für exakte Linien und Formen sind Lineale und Schablonen hilfreich, und eine Leuchtplatte vereinfacht das Übertragen deiner Entwürfe.

Neben traditionellen Methoden bieten digitale Werkzeuge und Software wie Adobe Illustrator oder Procreate auf Tablets neue Wege für das Modezeichnen. Diese Programme ermöglichen es dir, mit präzisen Werkzeugen zu arbeiten, Farben anzupassen und Texturen hinzuzufügen. Auf digitalen Plattformen kannst du deine Entwürfe leicht speichern, bearbeiten und teilen.

Ob traditionell oder digital – Modezeichnen bedeutet, deine eigene Perspektive darzustellen. Experimentiere mit verschiedenen Techniken, um herauszufinden, welche Kombination aus Werkzeugen und Materialien für dich am besten funktioniert. Durch kontinuierliche Praxis wirst du deine Fähigkeiten im Modedesign rasch verbessern.

Die Vielfalt
der Körperformen

Kein Körper gleicht dem anderen, den „perfekten" Körper gibt es nicht. In der Modebranche wird diese körperliche Vielfalt berücksichtigt, indem Modedesigner ihre Entwürfe so gestalten, dass sie viele Menschen ansprechen. Sie beziehen dabei sämtliche Körperformen, Größe, Ethnien, Geschlechter oder Fähigkeiten ein, damit sich jede Person durch die Kleidung repräsentiert und wohl fühlt

Design-Tipp:

Beim Entwerfen deiner Kollektionen solltest du dir vorstellen, wie unterschiedliche Körpertypen in deiner Kleidung aussehen würden. Modedesigner haben die einzigartige Möglichkeit, Menschen durch ihre Kreationen zu bestärken. Stelle dir die Frage: *Wie können meine Designs dazu beitragen, dass sich jede Person positiv wahrnimmt?*

DIE MODE-FIGURINEN
Vorlage

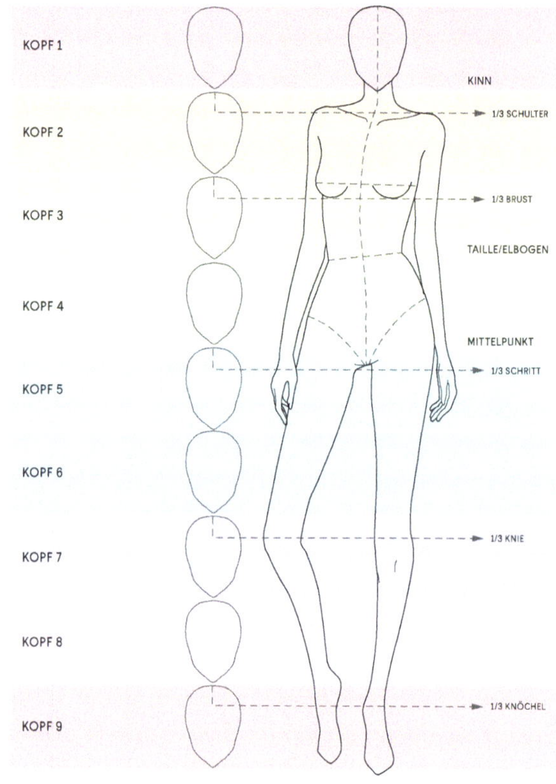

Am Anfang wird eine detaillierte Skizze einer Figurenvorlage erstellt, die als Orientierungshilfe für das Zeichnen von Kleidungsstücken dient. Diese Grundfigur wird oft idealisiert und in ihren Proportionen verlängert dargestellt. Ein grundlegendes Verständnis von Anatomie, Proportionen und Balance ist nötig, um die Figurenvorlage darzustellen, die du als Grundlage all deiner Designs nehmen kannst.

Eine verbreitete Technik in der Mode-Illustration ist die Verwendung der „9-Kopf-Figur", bei der die Figur so gezeichnet wird, dass ihre Gesamthöhe neun Kopflängen beträgt – im Unterschied zu den 7,5 bis 8 Kopflängen, die üblicherweise für die Darstellung einer durchschnittlichen Person verwendet werden. Diese Methode führt zu einer leicht übertriebenen Darstellung der Figur, ermöglicht es dem Designer jedoch, die Details des Kleidungsstücks präziser zu erfassen und auszuarbeiten.

Es handelt sich dabei aber lediglich um einen Richtwert und sollte nicht als starre Regel betrachtet werden. Die Modebranche zeichnet sich durch eine breite Palette an Körpertypen und -formen aus und es ist wichtig, diese Vielfalt zu bewahren. Es gibt kein Richtig oder Falsch, wenn es darum geht, seinen eigenen Stil zu finden und zu pflegen. Jeder sollte die Freiheit haben, Mode so zu interpretieren, wie es für ihn oder sie am besten passt, unabhängig von den vorherrschenden Trends oder Normen.

Mode-Figurenvorlage

Die meisten professionellen Modedesigner erstellen eigene Mode-Figurenvorlagen oder Croquis, anstatt auf fertige Vorlagen zurückzugreifen, um ihren individuellen Stil zu bewahren. Es ist wichtig zu verstehen, dass das Erlernen dieser Fertigkeit Zeit beansprucht. Doch keine Sorge, denn Übung führt zum Meistern dieser Kunst. Solltest du zu Beginn Schwierigkeiten haben, stehen dir unsere Vorlagen zur Verfügung. Sie können dir als Unterstützung beim Skizzieren deiner Entwürfe dienen, während du gleichzeitig daran arbeitest, deine Croquis-Fähigkeiten zu verfeinern.

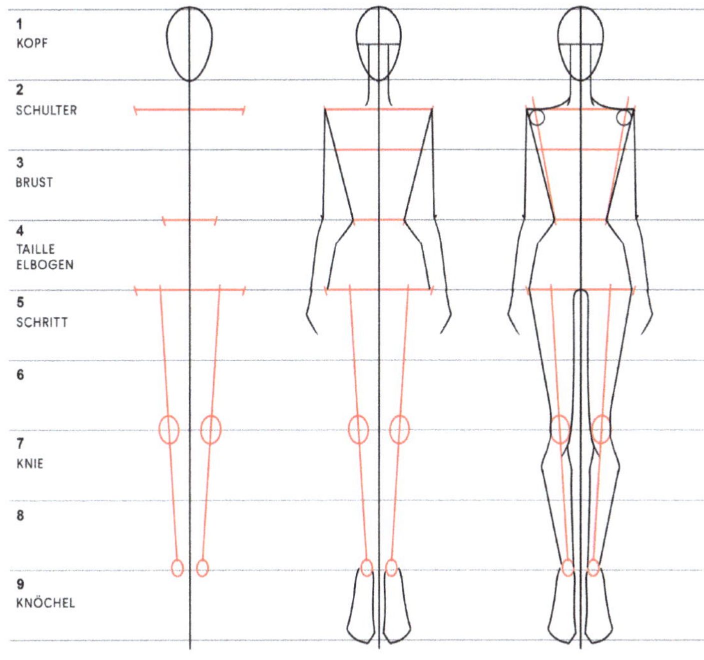

Hier ist eine detaillierte Anleitung, um deine erste Mode-Figurenvorlage zu zeichnen:

1. Unterteile deine Seite mit leichten Linien in 9 gleich große Abschnitte und beschrifte sie von 1 bis 9.

2. Skizziere eine ovale Form für den Kopf zwischen den Linien 1 und 2.

3. Positioniere die Schulterlinie knapp über der Mitte des zweiten Abschnitts und markiere die Taille auf Höhe der Linie 4, wobei diese schmaler als die Schultern sein sollte.

4. Zeichne auf Höhe der Linie 5 die Hüftlinie und achte darauf, dass die Breite der Hüften in etwa der der Schultern entspricht.

5. Platziere für die Knie kleine Kreise auf Linie 7 und für die Knöchel noch kleinere Kreise auf Linie 9. Verbinde diese mit vertikalen Linien bis zur Hüftlinie, um die Beinform zu skizzieren.

6. Nutze das skizzierte Grundgerüst, um Brust, Arme und Hände detailreich auszuarbeiten. Achte dabei auf die Körperproportionen.

7. Zeichne geschwungene Linien, um die Beine zu formen, indem du Hüften, Knie und Füße miteinander verbindest.

8. Skizziere die Füße, ausgehend von den Knöchelkreisen, wie dargestellt.

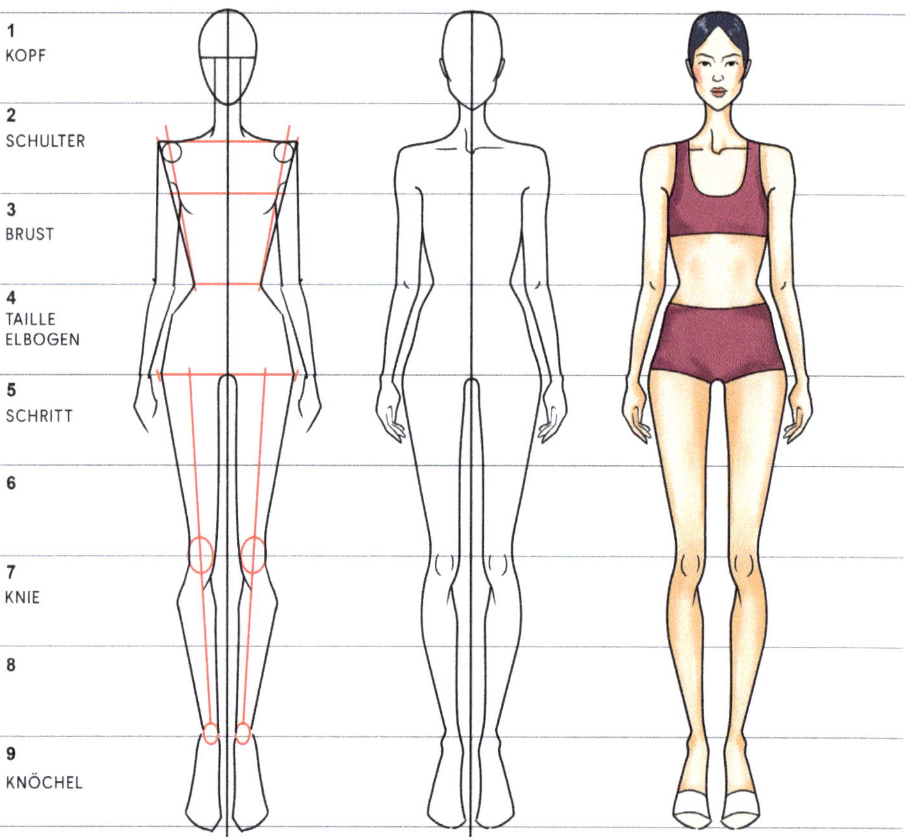

PROBIERE VERSCHIEDENE MODE-POSEN AUS

Nicht jede Pose eignet sich für jedes Outfit. Unterschiedliche Kleidungsstile benötigen spezifische Posen, um ihren charakteristischen Stil hervorzuheben. Beispielsweise erfordert eine Skizze für ein Brautkleid eine andere Pose als die Darstellung eines Streetwear-Looks.

Um die Darstellung verschiedener Posen in der Mode zu meistern, gibt es effektive Techniken, die du anwenden kannst. Eine bewährte Methode ist das Übertragen von

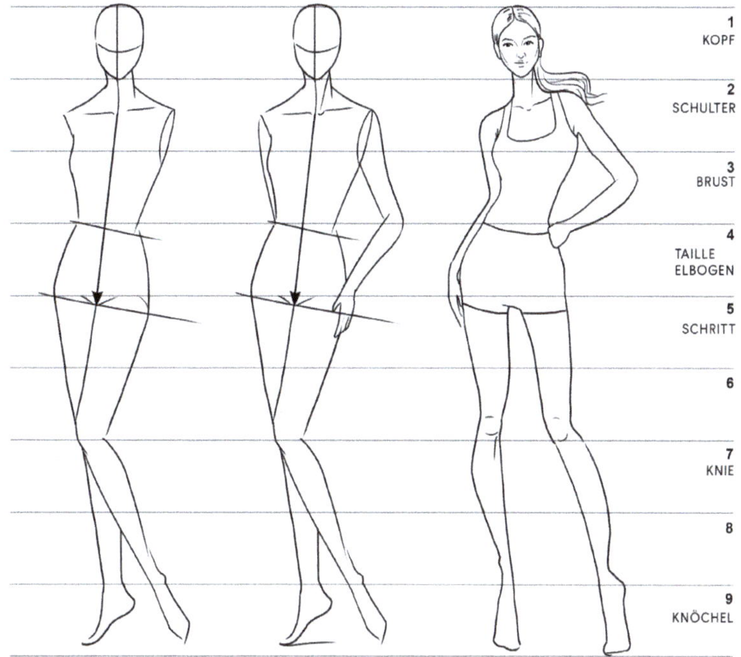

Hauptlinien einer Figur von einem Foto oder direkt von einem Tablet. Diese Hauptlinien umfassen die Mittel-, Hüft-, Taillen- und Schulterlinie. Das sorgfältige Nachzeichnen dieser Linien fördert das Verständnis für die Körperbewegung und erleichtert das Erstellen von Posen, die natürlich und lebendig wirken

Auf den folgenden Seiten findest du eine Auswahl an Modellfiguren, mit denen du beginnen kannst. Versuche, diese Figuren nachzuzeichnen, wobei du besonders auf Proportionen und Posen achten solltest. Sobald du dich sicherer fühlst, kannst du eigene Modelle entwerfen und ihnen deinen persönlichen Stil geben.

Denke daran: Übung ist der Schlüssel zum Erfolg. Es mag Zeit und Mühe erfordern, doch die Ergebnisse sind die Anstrengung wert

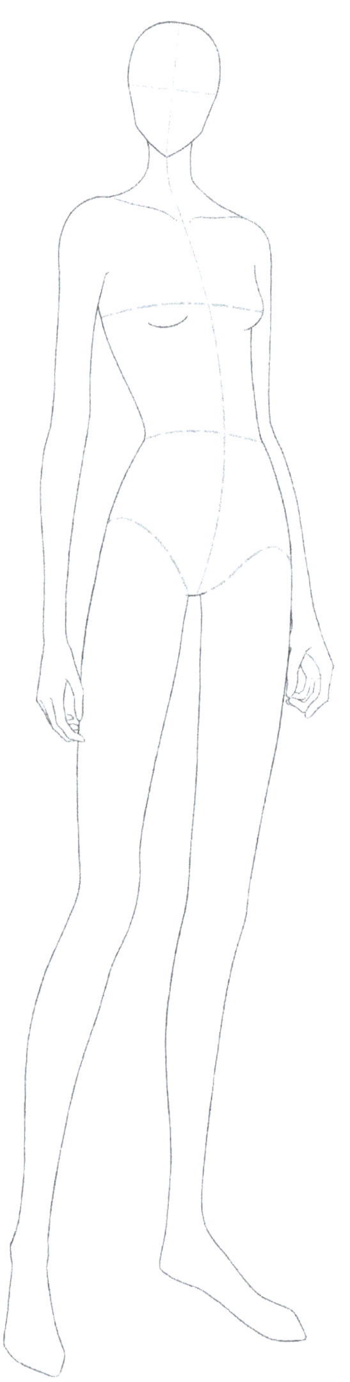

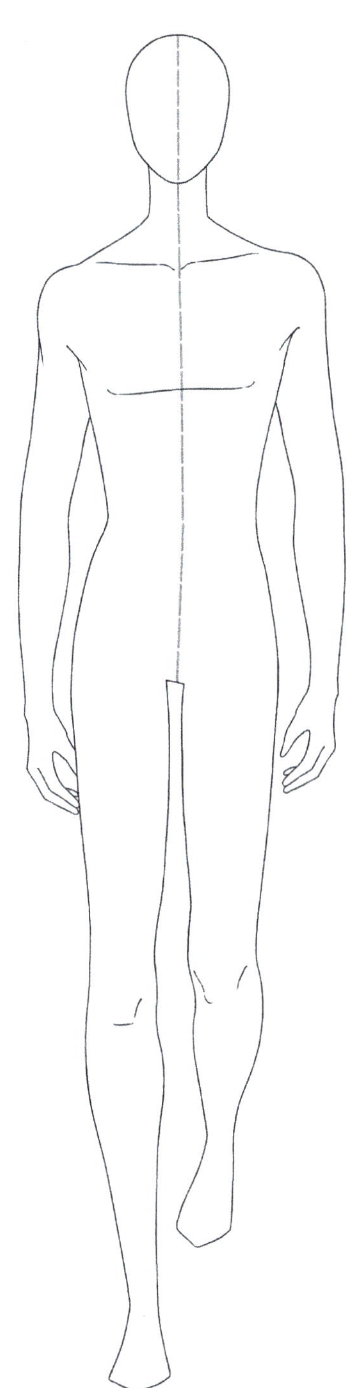

KINDER
Mode-Figurenvorlagen

Das Zeichnen einer Kinderfigur ähnelt dem einer Erwachsenenfigur, erfordert jedoch wesentliche Anpassungen. Kinder zeichnen sich durch andere Proportionen aus: Ihr Kopf ist im Verhältnis zum Körper größer, Arme und Beine sind kürzer, was ihren einzigartigen Charme und ihre Energie unterstreicht

Ein deutlicher Unterschied zwischen Kinder- und Erwachsenenmode ist, dass Kindermode sich durch Spaß, leuchtende Farben und verspielte Muster auszeichnet.

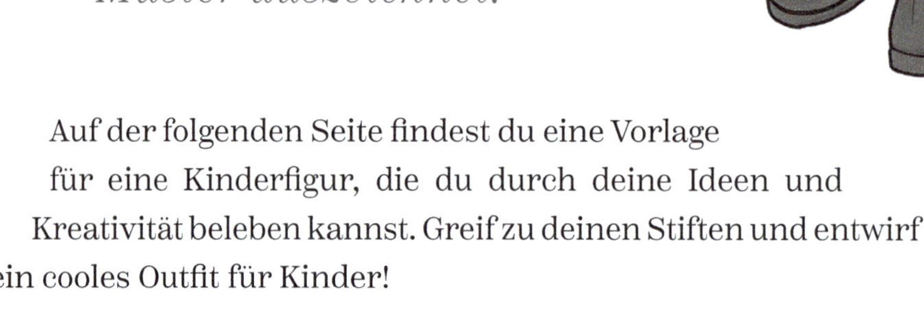

Auf der folgenden Seite findest du eine Vorlage für eine Kinderfigur, die du durch deine Ideen und Kreativität beleben kannst. Greif zu deinen Stiften und entwirf ein cooles Outfit für Kinder!

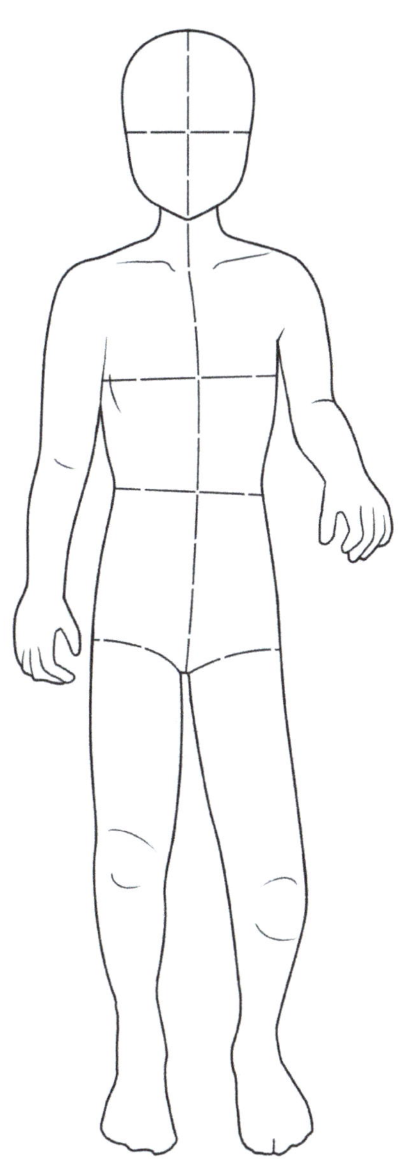

Das Zeichnen

VON KLEIDUNG UND ACCESSOIRES

Nachdem du die Grundlagen des Figurenzeichnens gemeistert hast, öffnet sich nun die Welt des Modeentwurfs für dich! In diesem Kapitel werden wir uns in die Vielfalt der Modekategorien und Stilrichtungen vertiefen. Achte dabei besonders auf die Gestaltung und den Zweck jedes Kleidungsstücks.

Du musst nicht jedes Detail sofort perfektionieren. Beginne mit den Grundumrissen des Kleidungsstücks und ergänze dann Details wie Stofffalten und Muster.

Gib deinen Entwürfen eine persönliche Note, um deinen individuellen Stil zu unterstreichen. Lass uns beginnen!

VON DER
FIGURENVORLAGE
BIS ZUM FERTIGEN DESIGN

Das Entwerfen von Mode beginnt mit dem Verständnis, wie Kleidung realistisch auf einer Modellfigur dargestellt wird. Starte, indem du die Kleidungsstücke auswählst, die du illustrieren möchtest, und sammle Referenzbilder, die deine Zeichnung inspirieren.

Nutze anschließend die Modellfigur als Richtlinie, um die Grundform des Kleidungsstücks zu skizzieren. Berücksichtige die Körperkurven und wie sie die Passform und den Fall der Kleidung beeinflussen.

Sobald die Grundform feststeht, geht es an die Details: Knöpfe, Taschen, Nähte und andere charakteristische Elemente, die das Kleidungsstück ausmachen. Achte darauf, dass die Details proportional zur Gesamtgröße des Kleidungsstücks und der Modellfigur passen.

Verwende Schattierungen beim Kolorieren, um der Kleidung Tiefe und Volumen zu verleihen. Dazu gehört das Hervorheben von Falten und das Schattieren unter Berücksichtigung der Lichtquellen.

Denk dran, regelmäßiges Üben macht den Meister!

DAS VERSTÄNDNIS VON
SILHOUETTEN IM MODEDESIGN

Silhouetten spielen eine zentrale Rolle im Modedesign und sind entscheidend, um vielfältige Stile und Looks zu entwickeln, die unterschiedliche Charakterzüge und Stimmungen widerspiegeln. Eine bekannte Silhouette ist die A-Linie, oft auch als „Fit and Flare" bezeichnet, die häufig bei Kleidern, Röcken und Mänteln anzutreffen ist.

Die Bezeichnung „A-Linie" rührt daher, dass ihre Silhouette an den Buchstaben A erinnert: Sie liegt oben eng an Brust und Taille an und fließt ab der Taille ausgestellt zu einem weiten Saum. Diese Silhouette schmeichelt besonders Personen mit breiteren Hüften und Oberschenkeln, indem sie die Blicke von diesen Körperbereichen wegleitet und ein harmonisches Erscheinungsbild schafft.

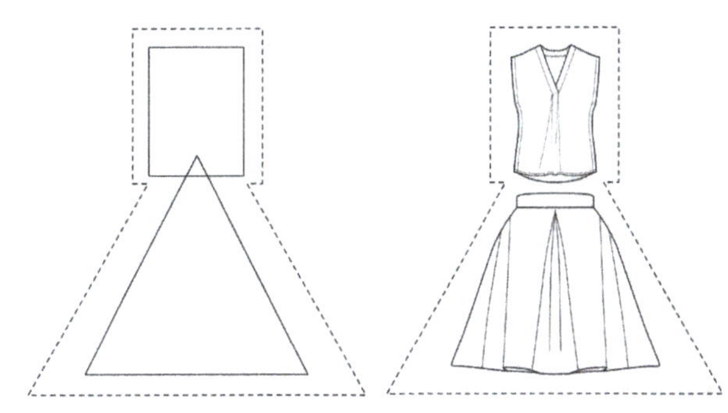

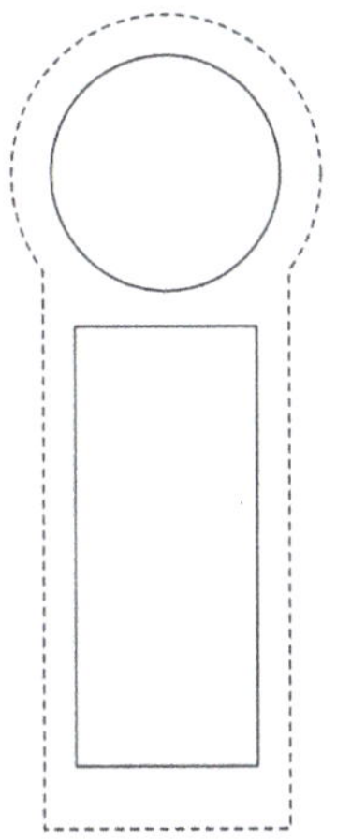
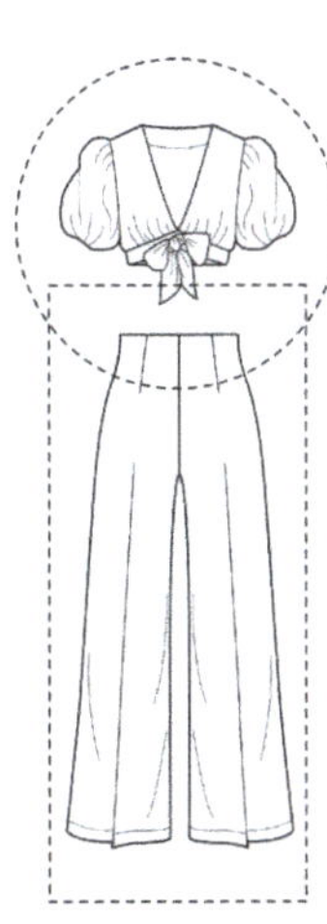

Ein weiterer Favorit ist die „Etui-" oder „Pencil"-Linie, ein gerades, körpernahes Design, das für einen schmalen, eleganten Look sorgt. Diese Silhouette ist besonders bei formeller Kleidung und im Büroalltag beliebt, da sie klassische Eleganz ausstrahlt.

Im Gegensatz dazu steht das voluminöse Ballkleid mit seinem prachtvollen Rock für dramatische und glamouröse Auftritte, ideal für große Anlässe wie Abschlussbälle und Hochzeiten.

Die Auswahl der Silhouette ist im Modedesign entscheidend, um einzigartige Stile und Ausdrücke zu schaffen, welche die Persönlichkeit und Stimmung hervorheben.

1. Entscheide dich für eine der zuvor beschriebenen Silhouetten wie A-Linie, Etui- oder Ballkleid.

2. Entwirf ein Kleidungsstück basierend auf der gewählten Silhouette. Sei kreativ bei der Auswahl von Details und Verzierungen.

3. Beschrifte deine Skizze mit dem Namen der Silhouette, die du ausgewählt hast.

4. Setze dir das Ziel, verschiedene Entwürfe mit derselben Silhouette zu kreieren, von denen jeder seinen eigenen Charakter und besondere Details hat.

WIE ZEICHNET *man ein Kleid?*

SCHRITT 1: GRUNDFORM SKIZZIEREN

Entscheide dich zunächst für die Grundform deines Kleides – soll es figurbetont, ausgestellt oder strukturiert sein? Zeichne die Umrisse deines Entwurfs leicht vor, um eine solide Basis zu schaffen.

SCHRITT 2: DETAILS HINZUFÜGEN

Gib deinem Kleid Charakter und Individualität, indem du den Ausschnitt, die Ärmelgestaltung und spezielle Details festlegst. Lass deiner Kreativität freien Lauf mit asymmetrischen Schnitten, ausgefallenen Ausschnitten und schönen Mustern.

SCHRITT 3: STOFFAUSWAHL

Überlege dir, welche Stoffarten dein Kleid besonders stilvoll machen könnten. Stelle es dir in schimmerndem Satin, luftigem Chiffon oder

robustem Tweed vor. Berücksichtige, wie sich die Stoffe verhalten und übertrage diese Eigenschaften in deine Skizze.

SCHRITT 4: FARBWAHL

Gib deinem Design Farbe, um es attraktiv zu machen. Wähle eine Farbpalette, die zu deinem Kleid passt. Egal, ob du kräftige, helle Farben oder sanfte, ruhige Töne bevorzugst – nutze Farbverläufe und hebe Details hervor, so gibst du deinem Entwurf Tiefe.

Folge diesen Schritten, und du wirst dein Design von einer Skizze zu einem beeindruckenden Modeentwurf entwickeln.

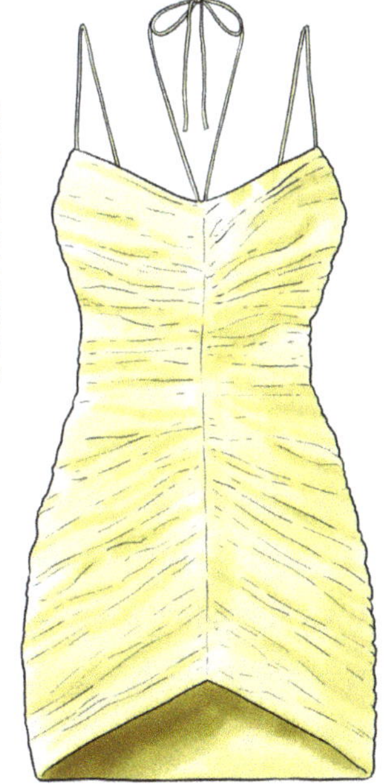

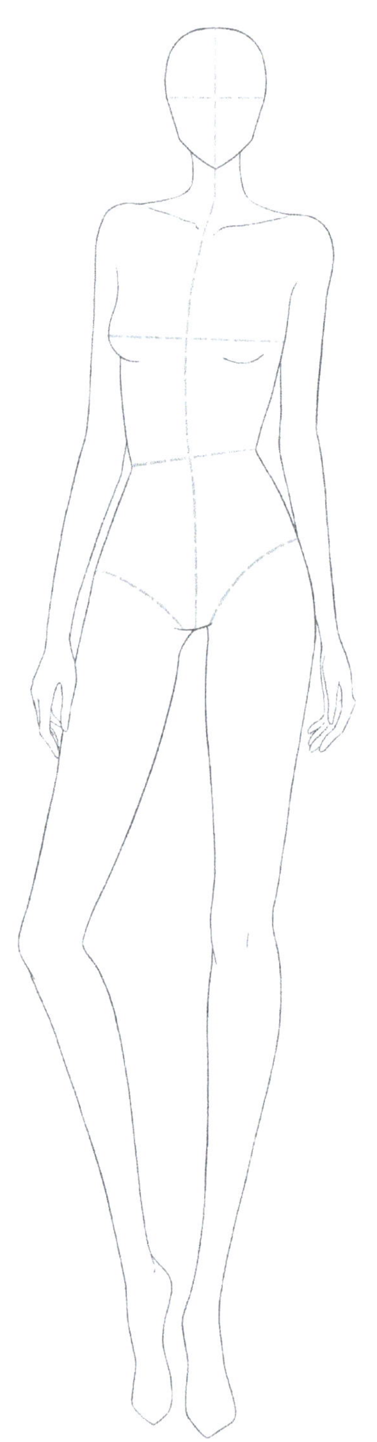

WIE
ZEICHNET
MAN EIN **T-SHIRT** ODER EINEN **PULLOVER?**

Wir nehmen als Beispiel einen Hoodie.

SCHRITT 1: GRUNDFORM SKIZZIEREN

Beginne mit einer Skizze des Hoodies, wobei du besonderes Augenmerk auf seine weite und bequeme Passform legst.

SCHRITT 2: DESIGNDETAILS HINZUFÜGEN

Verleihe deinem Hoodie-Entwurf Charakter, indem du spezielle Elemente wie eine Kapuze mit Zugband, eine Kängurutasche oder gerippte Abschlüsse an Bündchen und Saum integrierst. Spiele mit unterschiedlichen Ärmellängen und -formen, um eine persönliche Note einzubringen.

SCHRITT 3: STOFF- UND TEXTURAUSWAHL

Entscheide dich für den Stoff deines Hoodies – ziehst du kuscheligen Fleece oder weichen Jersey vor?

SCHRITT 4: ACHTE AUF KLEINE DETAILS

Konzentriere dich auf die kleinen Besonderheiten, die deinen Hoodie unverwechselbar machen. Überlege, ob du ein Logo oder ein grafisches Design einarbeiten möchtest und wo eventuell zusätzliche Taschen oder Dekorationselemente platziert werden könnten.

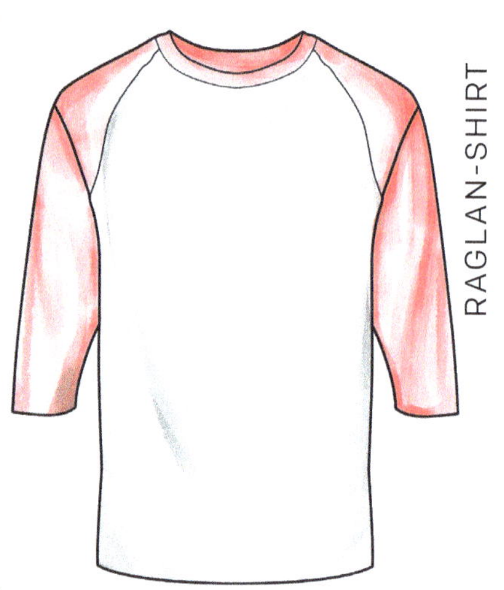

SCHRITT 5: DESIGN VERFEINERN UND VERVOLLSTÄNDIGEN

Überprüfe deine Skizze auf eventuelle Korrekturen. Ergänze Schatten, Lichteffekte oder Muster, um deinen Hoodie realistischer darzustellen und die Textur des Stoffes hervorzuheben.

Mit diesen Schritten bist du gut gerüstet, um beeindruckende Hoodie-Designs zu kreieren!

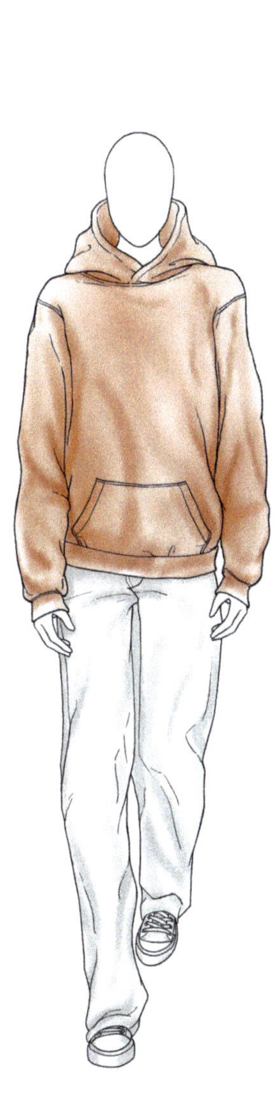

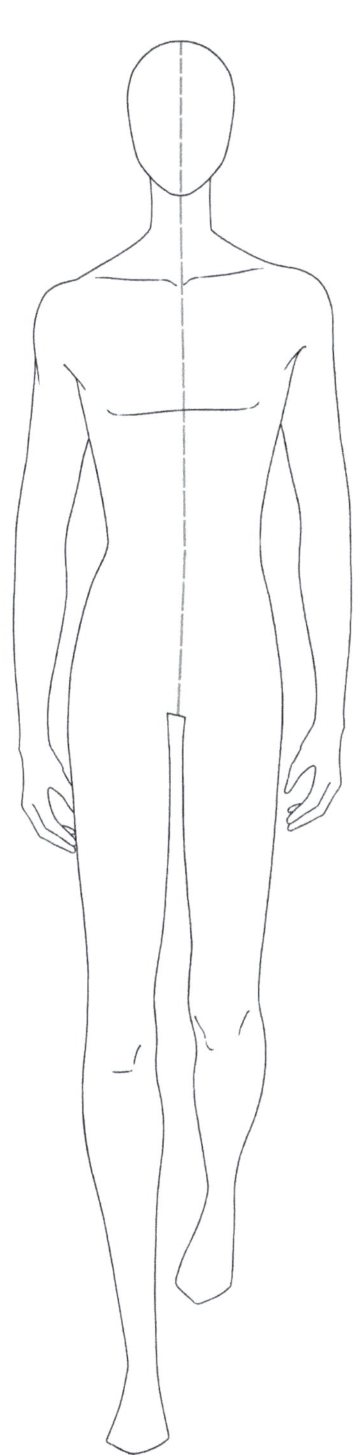

WIE ZEICHNET *man einen Rock?*

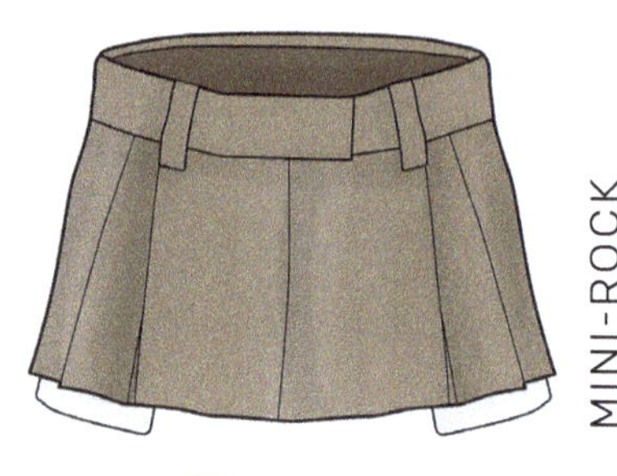

SCHRITT 1: GRUNDSILHOUETTE SKIZZIEREN

Starte mit der Skizzierung der Silhouette deines Rocks, indem du Form und Länge festlegst – sei es ein weit schwingender Maxirock oder ein körpernaher Bleistiftrock. Die Silhouette bildet die Basis deines Entwurfs.

SCHRITT 2: DESIGNDETAILS EINFÜGEN

Verleihe deinem Rock Charakter durch einzigartige Details. Überlege dir Elemente wie einen markanten Bund, Gürtelschlaufen oder Ziernähte. Experimentiere mit Faltenwürfen, Rüschen oder ungewöhnlichen Saumformen, um dem Rock Individualität zu verleihen.

SCHRITT 3: STOFFWAHL UND TEXTUR BEDENKEN

Wähle den passenden Stoff für deinen Rock – ob ein luftiger Chiffon oder ein griffiger Tweed. Nutze Schattierung, um den Fall des Stoffes darzustellen und deinem Entwurf Tiefe zu verleihen.

SCHRITT 4: AUGENMERK AUF DETAILS

Berücksichtige feine Details, die deinen Rock besonders machen. Ergänze elegante Akzente wie Spitze, Applikationen oder Stickereien. Beachte auch praktische Aspekte wie Verschlüsse und Taschen.

SCHRITT 5: DESIGN VERFEINERN UND VERVOLLSTÄNDIGEN

Arbeite mit Schattierungen, Highlights oder Mustern, um dein Design lebendig wirken zu lassen. Visualisiere, wie der Rock getragen aussieht und sich bewegt.

Nutze deine Kreativität, um mit verschiedenen Längen, Schnitten, Verzierungen oder Falten zu spielen!

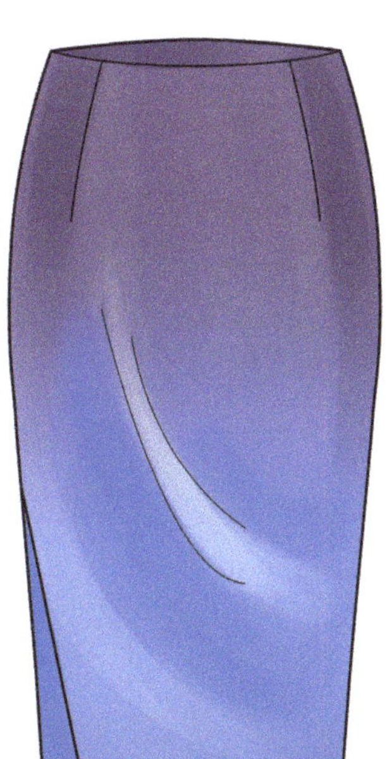

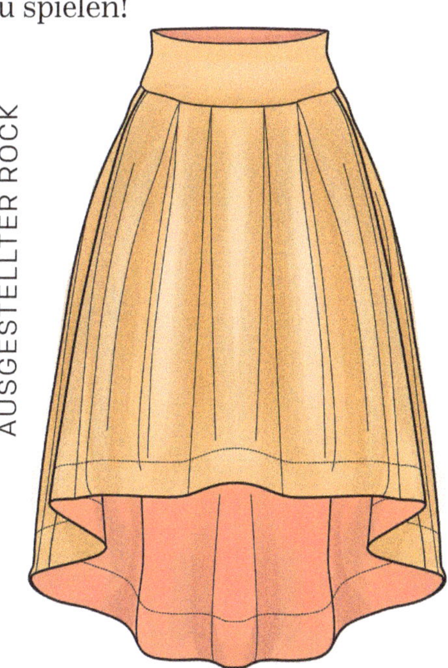

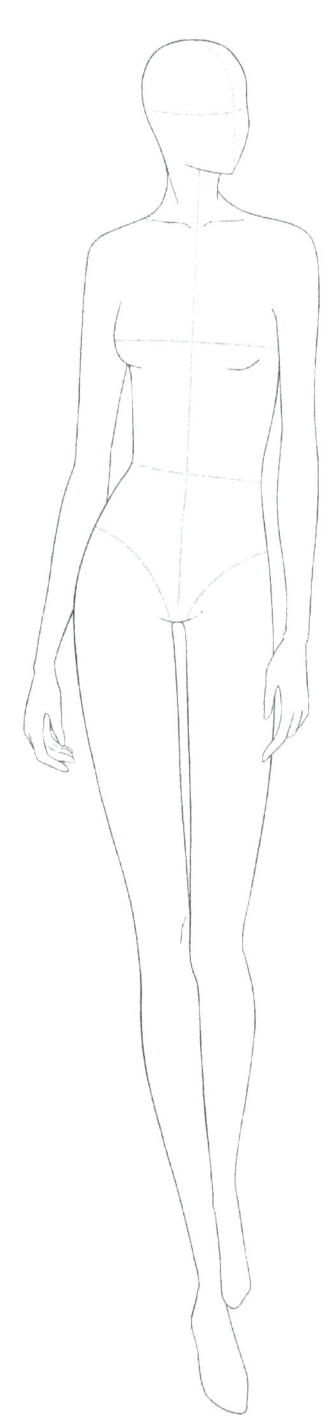

WIE ZEICHNET *man ein Oberteil?*

SCHRITT 1: STARTE MIT DER BASIS

Beginne damit, den Grundriss deines Oberteils zu zeichnen und dabei besonders auf Form und Passform zu achten. Wenn du dich zum Beispiel für eine weit geschnittene Sommerbluse entscheidest, stell dir eine leichte und fließende Silhouette vor, die ideal für warme Tage ist.

SCHRITT 2: FÜGE EINZIGARTIGE DETAILS HINZU

Mach dein Oberteil zu etwas Besonderem, indem du spezielle Akzente einbringst. Denk an weite Ausschnitte wie einen Bootkragen oder einen tiefen V-Ausschnitt, um das sommerliche Flair einzufangen. Experimentiere mit verschiedenen Ärmelarten wie Glocken- oder Ballonärmeln, um deinem Design Eleganz und Schwung zu verleihen.

SCHRITT 3: STOFF- UND TEXTURAUSWAHL

Der Stoff ist wieder ein wichtiger Aspekt deines Designs, denn eine Sommerbluse aus einem schweren Stoff wie Denim oder Wolle wäre eher unpraktisch. Stell sie dir stattdessen aus leichter Baumwolle vor, um Atmungsaktivität und Komfort zu gewährleisten. Verwende Schattierungstechniken, um den natürlichen Fall des Stoffes darzustellen, und füge deiner Zeichnung Textur hinzu.

SCHRITT 4: ACHTE AUF DIE DETAILS UND FEINHEITEN

Achte auf die kleinen Details, die deine Bluse besonders machen. Überlege, ob du zarte Spitzenapplikationen am Ausschnitt oder an den Ärmeln für eine feminine Note hinzufügen möchtest. Stoffrüschen oder Falten können für zusätzliches Volumen sorgen.

SCHRITT 5: PERFEKTIONIERE DEINE ZEICHNUNG

Schau dir deine Zeichnung noch einmal an und nimm nötige Anpassungen vor. Achte darauf, dass die Proportionen und Details deiner Vorstellung des Designs entsprechen. Nun bist du gewappnet, um deine eigenen Hemden, Blusen und andere Oberteile zu entwerfen!

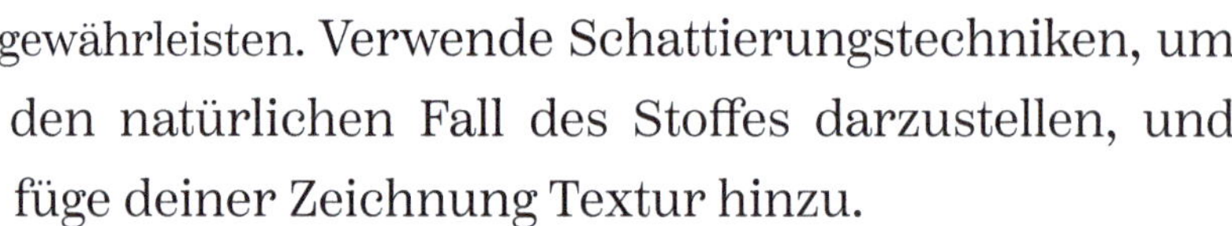

Trau dich, verschiedene Farben und Muster auszuprobieren. Viel Spaß beim Zeichnen!

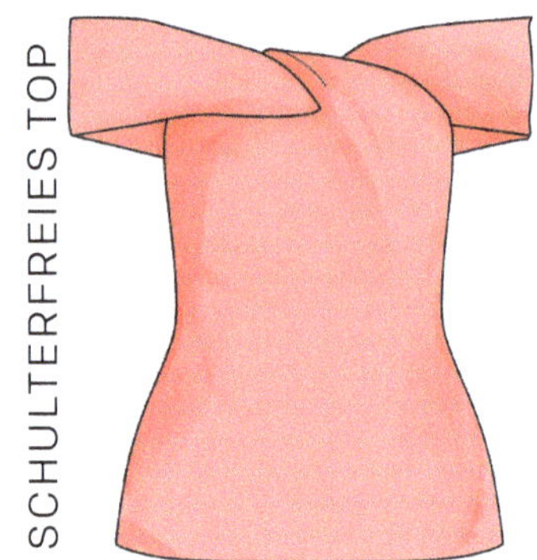

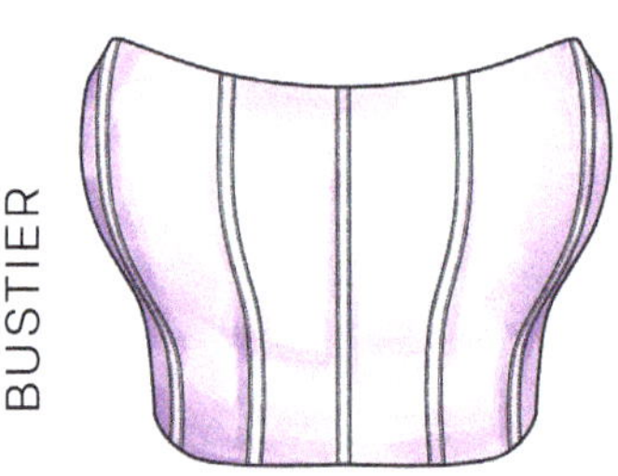

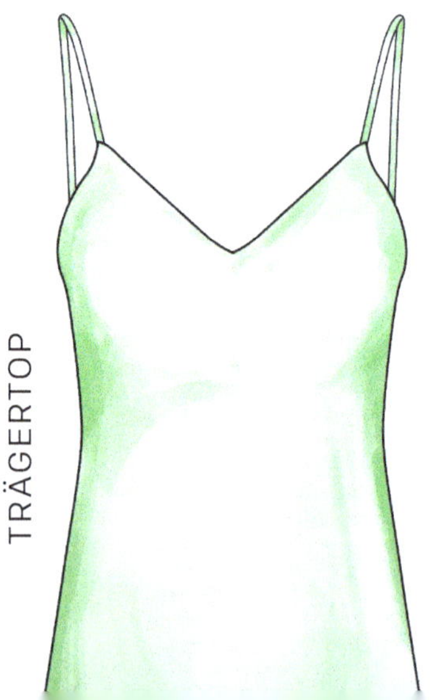

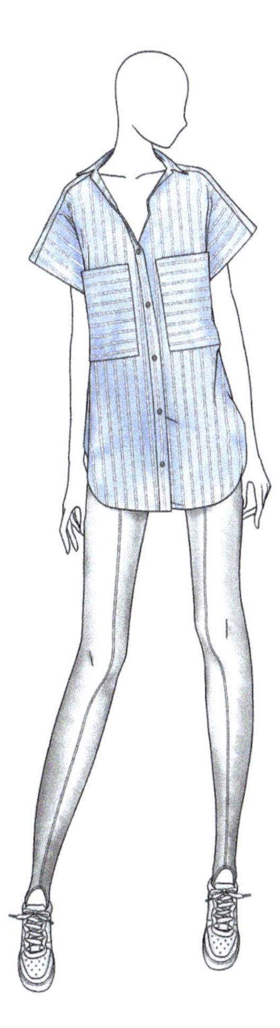

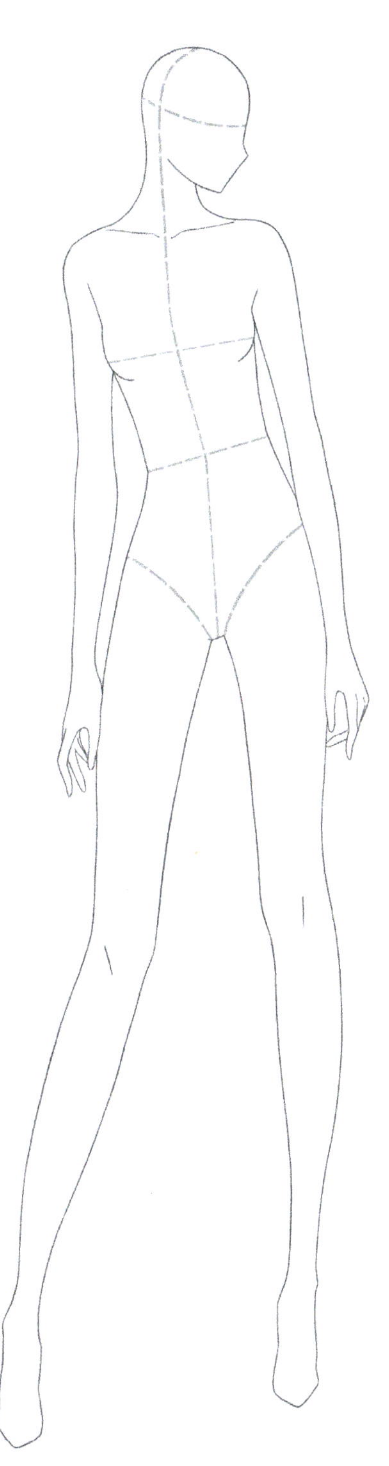

WIE ZEICHNET *man Hosen?*

Hosen können sehr verschieden sein. Sie reichen von eng anliegenden Leggins bis zu weiten Baggyhosen. Heute liegt unser Fokus darauf, wie du Schritt für Schritt eine trendige Jogginghose skizzieren kannst.

SCHRITT 1: STARTE MIT DER GRUNDFORM

Zeichne zuerst den Umriss deiner Jogginghose, einschließlich Bund, Hüften und Beinverlauf. Entscheide dich dabei für eine Passform, die du anstrebst – sei es eine bequeme oder eine körpernahe Silhouette.

SCHRITT 2: ERGÄNZE CHARAKTERISTISCHE DETAILS

Gib deiner Jogginghose einen individuellen Touch, indem du spezielle Details zeichnest. Denke an einen elastischen Bund, Kordeln und Seitentaschen, um den authentischen Look zu unterstreichen. Überlege auch, ob du gerippte Abschlüsse an den Beinenden für einen sportlichen Effekt hinzufügst.

SCHRITT 3: ACHTE AUF DIE STOFFART UND TEXTUR

Jogginghosen bestehen typischerweise aus weichen und gemütlichen

Materialien wie Baumwolle oder Fleece. Verwende Schattierungstechniken, um die Beschaffenheit des Stoffes zu illustrieren. Details wie sichtbare Nähte können die Illusion von Textur und Komplexität verstärken.

SCHRITT 4: DETAILS MACHEN DEN UNTERSCHIED

Kleine Besonderheiten verleihen deiner Jogginghose das gewisse Etwas. Überlege genau, wo die Taschen sitzen sollen und wie groß sie sind, oder ob du mit Logos oder Mustern Akzente setzen möchtest. Einsätze oder Streifen in Kontrastfarben entlang der Seiten können das Design aufwerten.

SCHRITT 5: FEINSCHLIFF UND FERTIGSTELLUNG

Überprüfe deine Skizze abschließend auf Proportionalität und Genauigkeit. Passe Details an und füge Schattierungen oder Highlights hinzu, um deiner Jogginghose Tiefe und Dimension zu verleihen.

Jetzt bist du bestens vorbereitet, um deine eigene Jogginghose zu entwerfen!

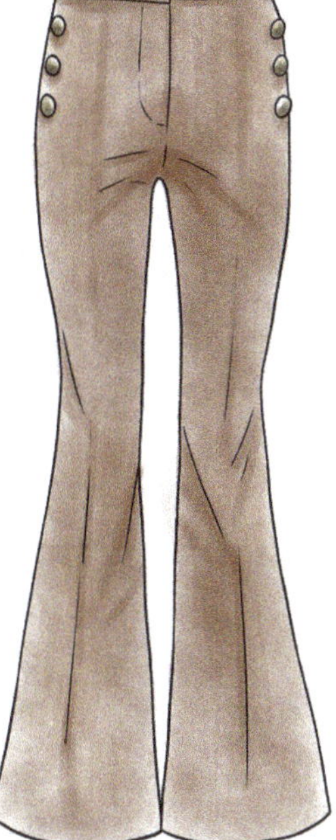

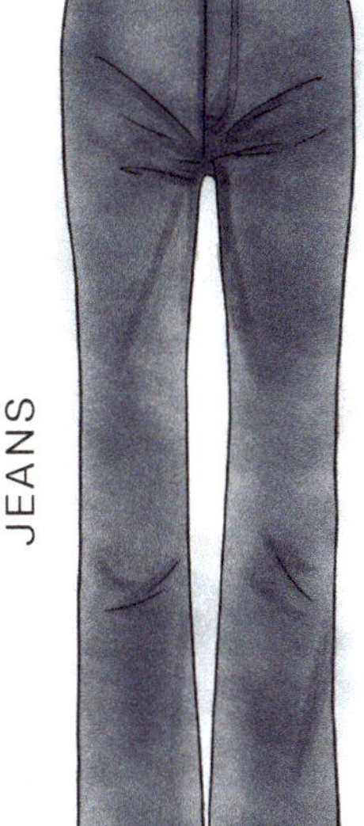

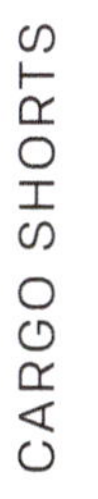

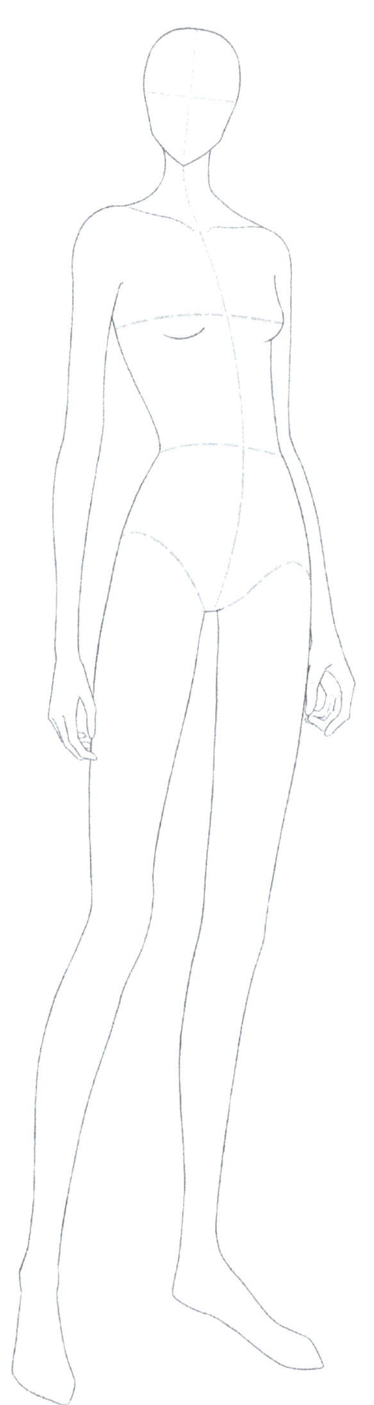

WIE
ZEICHNET
man eine Jacke oder einen Mantel?

Jacken und Mäntel sorgen für Wärme und Schutz in der kalten Jahreszeit. Abhängig vom Klima in deiner Region kannst du auch leichtere Modelle wie Blazer oder Frühlings- und Sommerjacken in Betracht ziehen. Doch widmen wir uns nun dem Design einer Herren-Daunenjacke

SCHRITT 1: DIE GRUNDFORM SKIZZIEREN

Beginne mit dem Entwurf der Silhouette deiner Daunenjacke, achte dabei auf die wärmende und isolierende Funktion. Style und Funktionalität für den Winter sollten im Mittelpunkt stehen.

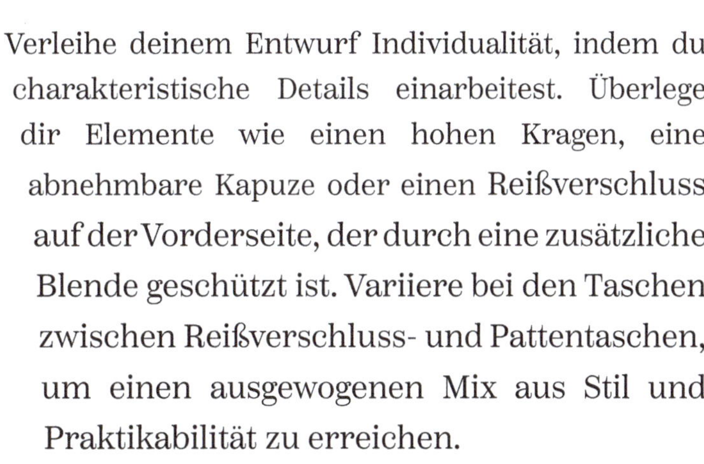

SCHRITT 2: BESONDERE MERKMALE EINFÜGEN

Verleihe deinem Entwurf Individualität, indem du charakteristische Details einarbeitest. Überlege dir Elemente wie einen hohen Kragen, eine abnehmbare Kapuze oder einen Reißverschluss auf der Vorderseite, der durch eine zusätzliche Blende geschützt ist. Variiere bei den Taschen zwischen Reißverschluss- und Pattentaschen, um einen ausgewogenen Mix aus Stil und Praktikabilität zu erreichen.

SCHRITT 3: MATERIALWAHL FÜR FUNKTIONALITÄT

Suche nach Materialien, die sowohl robust als auch wasserabweisend sind, um den Anforderungen des Winters gerecht zu werden. Nutze Schattierungen in deiner Skizze, um das gesteppte Muster und die Daunen-Isolation hervorzuheben.

SCHRITT 4: AUGENMERK AUF DETAILS

Widme dich den feinen Unterschieden, die deine Jacke besonders machen. Denke über verstellbare Manschetten, Kordelzüge für die Passform und reflektierende Elemente für bessere Sichtbarkeit bei schlechtem Licht nach. Platziere Taschen, Reißverschlüsse und Logos bewusst.

SCHRITT 5: FEINSCHLIFF UND FERTIGSTELLUNG

Überprüfe deine Skizze auf richtige Proportionen und mache Anpassungen, um sie wie eine Herren-Daunenjacke aussehen zu lassen.

Füge Schattierungen, Highlights oder Muster hinzu, um dein Design lebendig zu machen und die Textur sowie Funktionalität des Stoffes zu betonen.

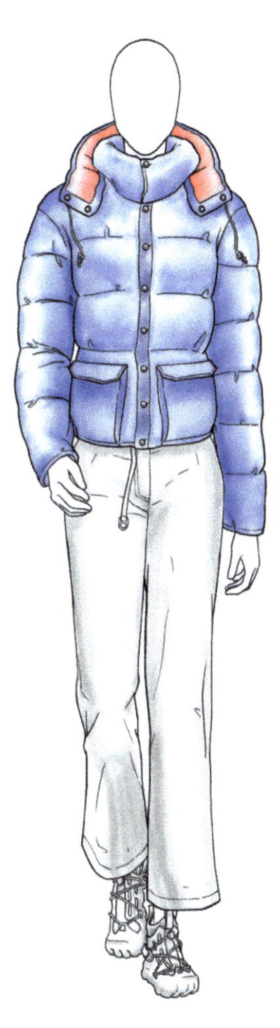

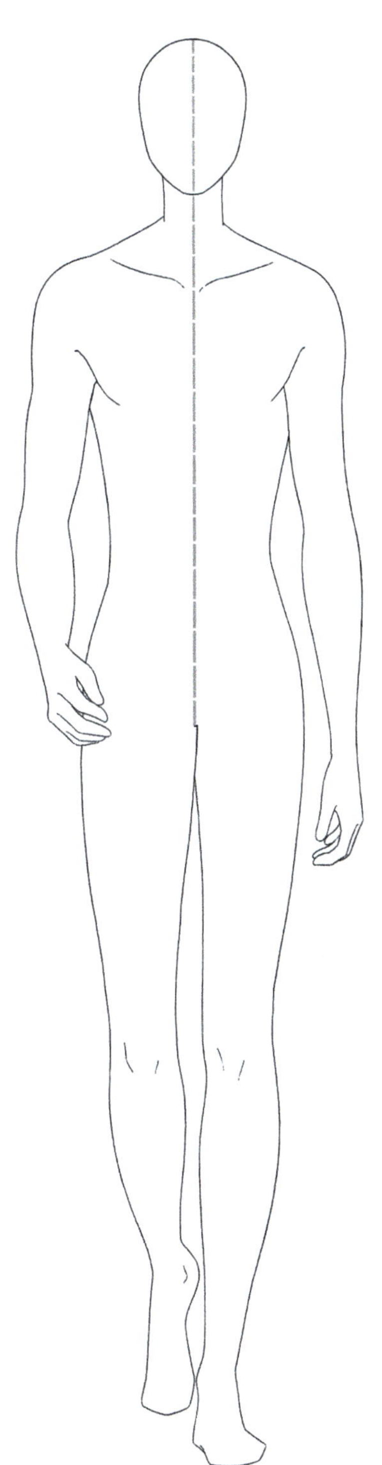

Accessoires sind ein unverzichtbarer Aspekt des Modedesigns und vollenden jede Kollektion. Sie sind in der Lage, jedem Look eine besondere Note zu verleihen und ein klares Statement zu setzen. Erfahrene Modedesigner sind sich der zentralen Rolle von Accessoires bewusst und entwickeln sie oft parallel zu ihren Bekleidungslinien.

Die Vielfalt der Accessoires reicht von Schmuck und Gürteln über Schuhe, Hüte bis hin zu Taschen. Sie prägen den Charakter und den Stil eines Outfits und haben das Potenzial, einen Look von alltäglich zu elegant oder von einem Tages- zu einem Abendoutfit umzugestalten. Selbst ein schlichter

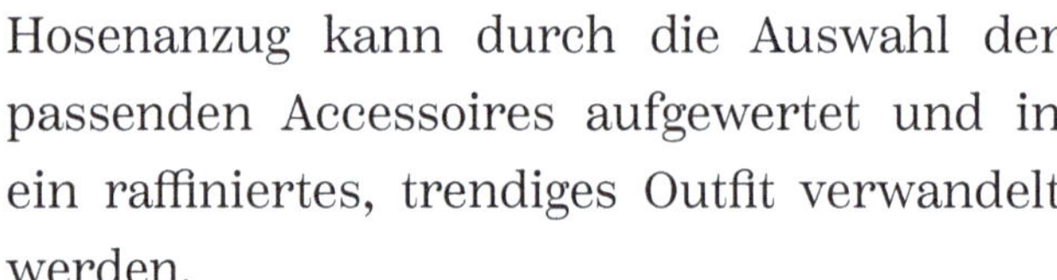

Hosenanzug kann durch die Auswahl der passenden Accessoires aufgewertet und in ein raffiniertes, trendiges Outfit verwandelt werden.

In einer Modekollektion vereinen Accessoires verschiedene Kleidungsstücke und schaffen ein harmonisches Gesamtbild. Sie helfen dabei, Farben und Designs zu verbinden und der Kollektion mehr Tiefe und Interesse zu verleihen.

Denk daran: Nutze Accessoires gezielt, wenn du das nächste Mal ein Outfit zusammenstellst!

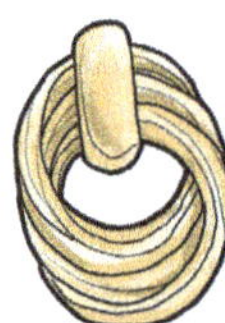

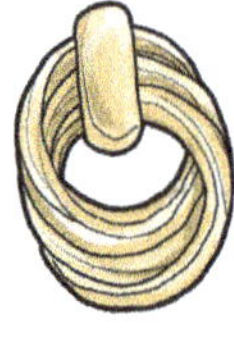

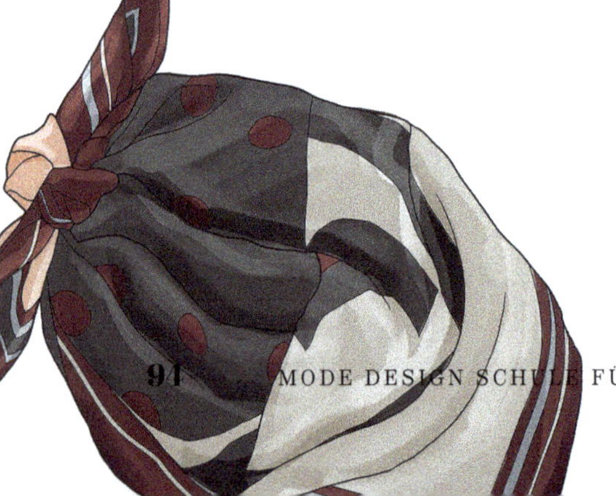

WIE ZEICHNET *man Schuhe?*

Eine Fußschablone ist sehr nützlich beim Entwerfen von Schuhen. Sie stellt sicher, dass der Schuh gut passt und erleichtert auch das Zeichnen von Linien und Formen. Wir haben Schablonen für Ansichten von vorne, der Seite und hinten, die dir dabei helfen.

Nimm einen Schuh, den du besonders magst, und betrachte seine Struktur genau, um die verschiedenen Teile eines Schuhs besser zu verstehen.

1 Starte mit der Sohle, dem Absatz und der Grundform des Schuhs. Zeichne mit leichten Strichen, die leicht zu korrigieren sind. Perfektion ist zu diesem Zeitpunkt noch nicht wichtig.

2 Erweitere deinen Entwurf nun um Details an der Oberseite des Schuhs – das ist der Teil, der Sohle und Absatz verbindet. Sei kreativ: Riemen, Schleifen, Ösen oder andere Dekorationen können dem Schuh eine individuelle Note verleihen.

3 Überlege dir, welche Art von Verschluss am besten zu deinem Schuhentwurf passt. Schnürsenkel sind eine beliebte Wahl, aber du könntest auch eine elegante Schnalle in Erwägung ziehen oder dich dafür entscheiden, dein Design als Slipper ohne jeglichen Verschluss zu gestalten.

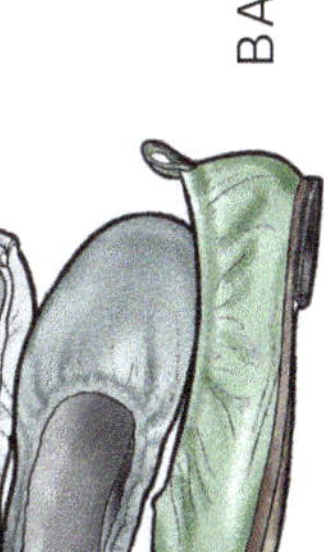

4 Verleihe deinem Design den letzten Schliff! Wenn du experimentieren möchtest, spiele mit Mustern oder füge besondere Elemente wie Doppelnähte oder Aussparungen hinzu.

5 Sobald du mit deiner Skizze zufrieden bist, verstärke die Konturen mit dunkleren Linien, um deinem Entwurf mehr Präsenz zu verleihen

6 Vollende dein Schuhdesign mit Farben! Wage dich an Muster, um deinem Werk eine persönliche Note zu verleihen.

Viel Spaß beim Kreieren deiner eigenen Schuhkollektion!

ENTWIRF DEINE TRAUMSCHUHE!

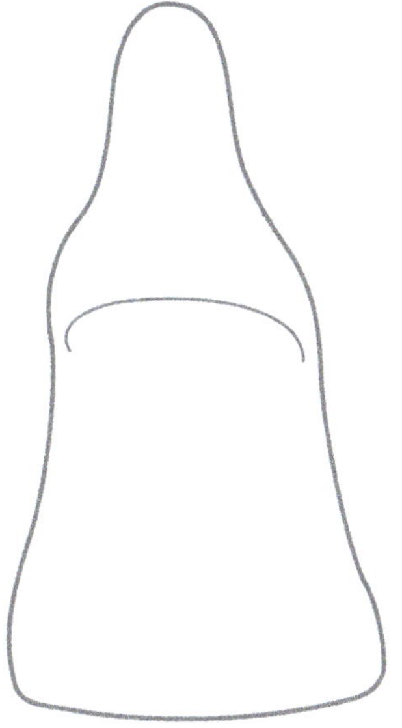

RÜCKANSICHT

SEITENANSICHT

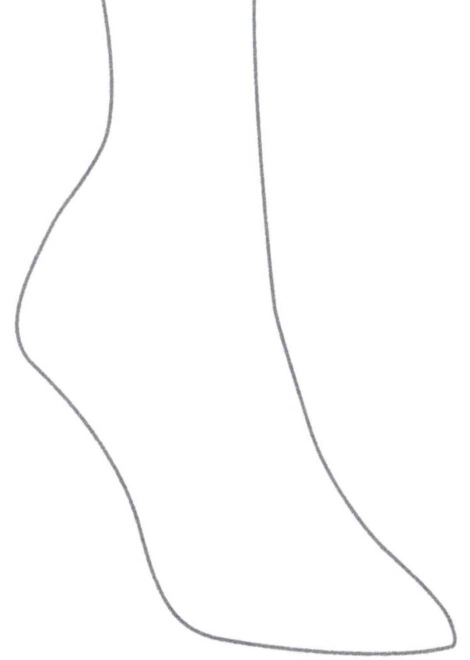

45-GRAD-ANSICHT

WIE ZEICHNET *man eine Tasche?*

Das Zeichnen einer Tasche erfordert ein gutes Verständnis dafür, dreidimensionale Objekte zweidimensional darzustellen, und ein Auge für Details. Hier ist eine schrittweise Anleitung, wie du eine Handtasche zeichnen kannst:

1 Beginne mit einer leichten Skizze des Gesamtumrisses der Tasche. Drücke sanft mit dem Bleistift, um die Position und Größe auf dem Papier festzulegen.

2 Verfeinere anschließend die Skizze, indem du klare Linien für die Form der Tasche ziehst. Füge wichtige Elemente wie den Deckel und den vertikalen Riemen mit der Schnalle hinzu. Halte die Linien zunächst leicht, um die Platzierung und Form der Details zu bestimmen.

3 Füge nun den Henkel und andere feine Details hinzu, die dein Taschenmodell auszeichnen. Nimm dir Zeit, um alle charakteristischen Merkmale genau zu zeichnen.

UMHÄNGETASCHE

HENKELTASCHE

4

Wenn du mit der Grundform und den Details zufrieden bist, verstärke die Konturen mit kräftigeren Linien, um der Tasche mehr Definition zu geben. Füge Schattierungen hinzu, um Tiefe zu schaffen und einen realistischeren Eindruck zu erzielen. Nähte kannst du durch gestrichelte Linien andeuten, um die Authentizität zu erhöhen.

Indem du diesen Schritten folgst, kannst du eine einfache Zeichnung einer Handtasche anfertigen. Denke daran, dass regelmäßiges Üben und das Ausprobieren verschiedener Designs und Perspektiven deine Fähigkeiten erweitern und verfeinern werden.

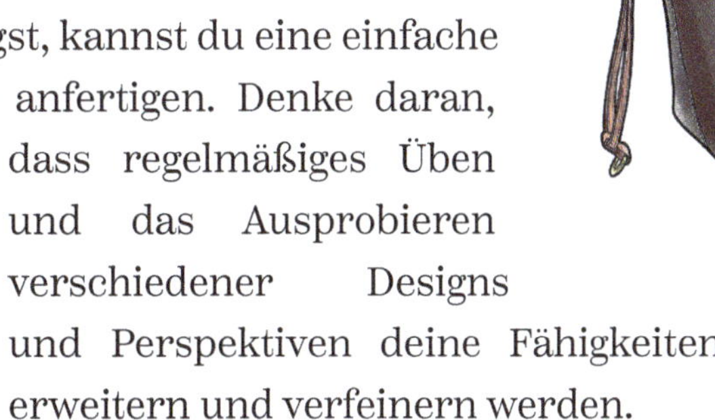

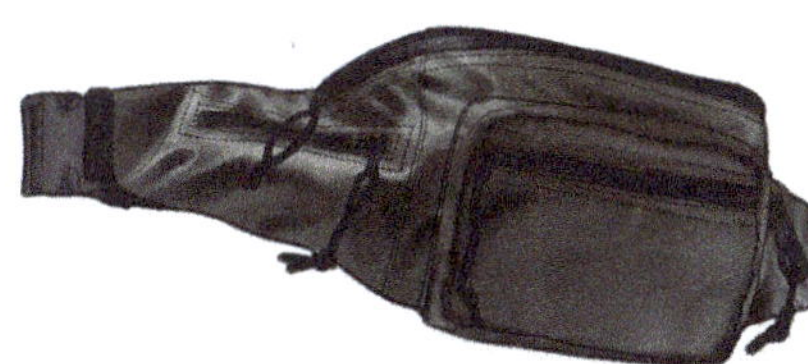

WIE ZEICHNET
man einen Hut?

Bevor du mit dem Designprozess beginnst, überlege dir den Zweck des Hutes. Soll er ein modisches Accessoire sein, für Wärme sorgen oder deinen Outfits eine einzigartige Note verleihen? Diese Überlegung leitet deine kreativen Ideen. Starte dann mit der Gestaltung einer Beanie-Mütze. Hier sind die Schritte:

1 Skizziere eine abgerundete Form für die Beanie. Denke an eine Halbkreisform, die sich um den Kopf legt.

2 Füge knapp unter dem oberen Rand eine gebogene Linie hinzu, um dem oberen Teil der Mütze mehr Realismus zu verleihen. Diese Linie sollte leicht innerhalb des Umrisses liegen.

3 Zeichne eine weitere gebogene Linie am unteren Rand der Mütze, die dem ursprünglichen Kreis folgt, aber etwas breiter ist, um den umgeschlagenen Rand darzustellen.

4 Um eine Falte zu simulieren, ziehe eine gebogene Linie innerhalb des unteren Randes, parallel zur zuvor gezeichneten Linie.

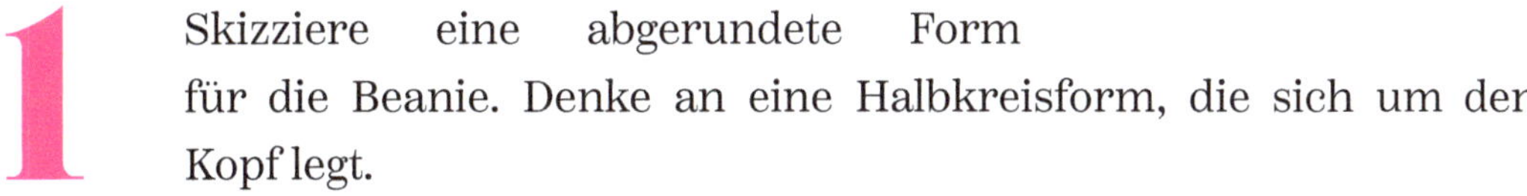

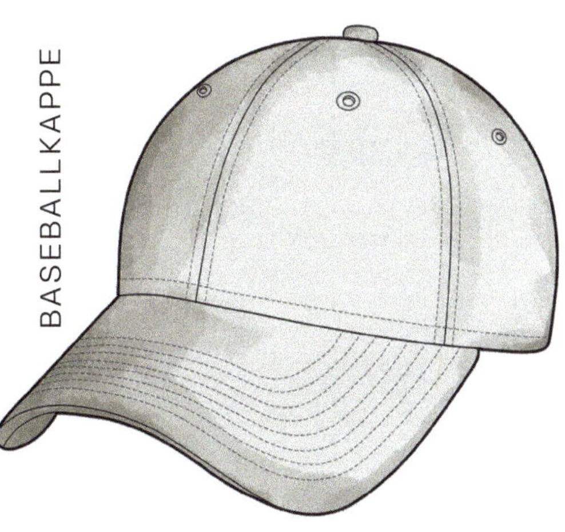

BASEBALLKAPPE

5 Gib der Mütze Textur, indem du kurze, gebogene Linien oder kleine „V"-Formen über die gesamte Oberfläche verteilst, um das Strickmuster nachzuahmen.

6 Entferne überflüssige Linien, damit die Zeichnung klar und sauber aussieht.

7 Füge nun Farben oder Schattierungen hinzu, um die Mütze lebendiger zu machen.

Regelmäßiges Üben und das Experimentieren mit verschiedenen Formen und Stilen werden deine Fähigkeiten verbessern. Viel Erfolg beim Skizzieren!

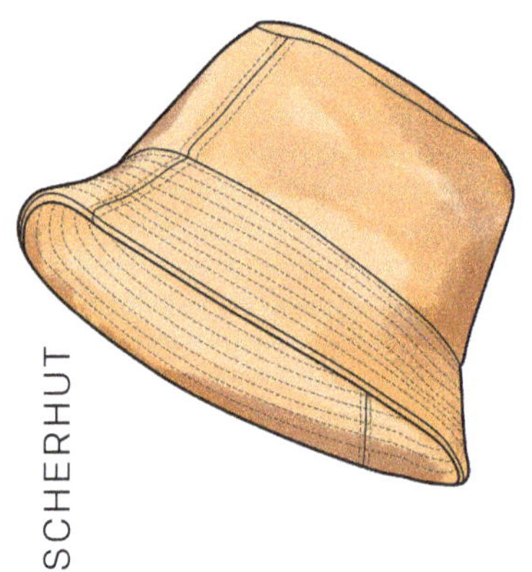

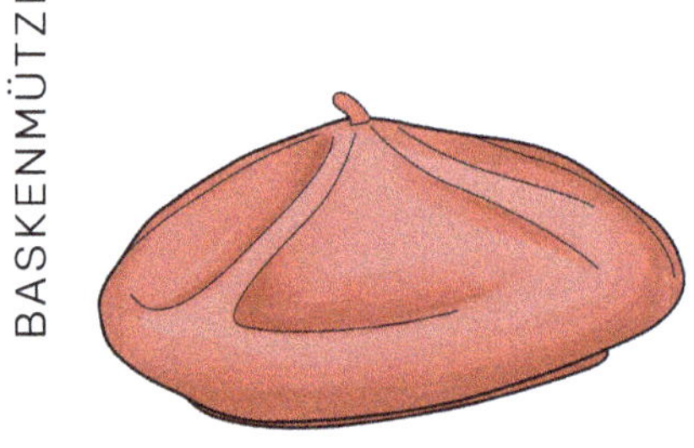

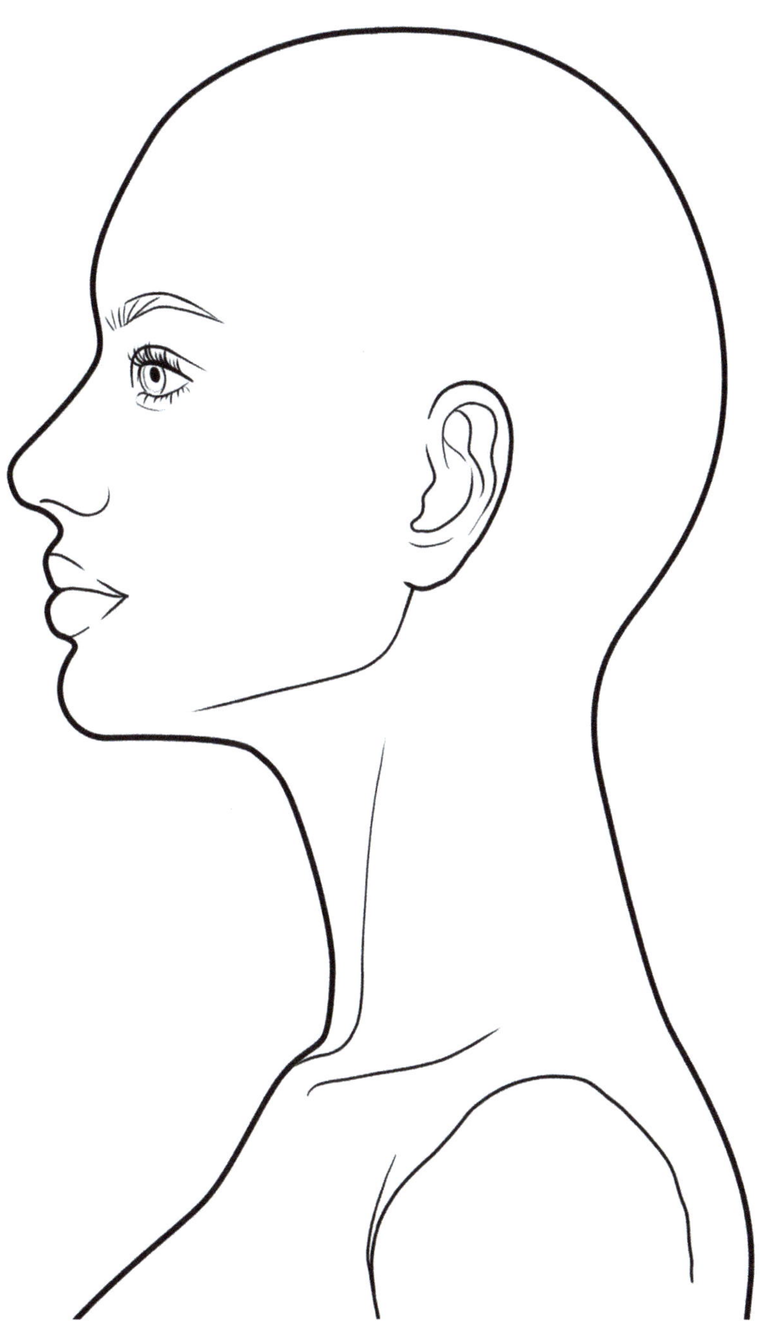

WIE
ZEICHNET
man ein Schmuckstück?

Das Entwerfen von Schmuck ist ein faszinierender Prozess, bei dem dir eine breite Palette von Materialien zur Verfügung steht. Feinschmuck wird häufig aus 18-karätigem Gold hergestellt und mit Diamanten oder anderen Edelsteinen veredelt. Alternativ gibt es auch preiswertere Materialien wie Messing oder Silber, die mit Perlen und Halbedelsteinen versehen werden und ebenfalls sehr ansprechend sind. Die Optionen für Schmuckdesigner sind praktisch grenzenlos, egal welche Größe das Schmuckstück hat. Heute zeigen wir dir Schritt für Schritt, wie du einen Blumenring skizzierst. Legen wir los!

1 Beginne mit einer Vorlage deiner Hand, um die Position und Größe der Ringbasis zu bestimmen. Definiere dabei die Breite des Rings.

2 Skizziere sanft eine Blume auf dem Ring. Wähle eine Blumenart, die dir gefällt, und achte darauf, dass die Blume gut zum Ring passt und ein harmonisches Gesamtbild ergibt.

3 Verstärke nun die Linien, um die Details der Blume präziser herauszuarbeiten. Wähle dann passende Farben für den Ring, entsprechend dem Material. Experimentiere mit Schattierungen und Lichteffekten, um dem Ring mehr Tiefe und Realismus zu verleihen.

Zusätzlich kannst du ein passendes Armband zu deinem Entwurf hinzufügen, um ein abgestimmtes Schmuckset zu kreieren.

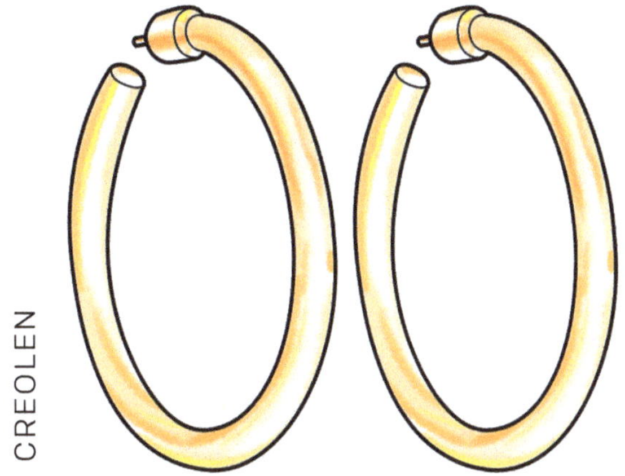

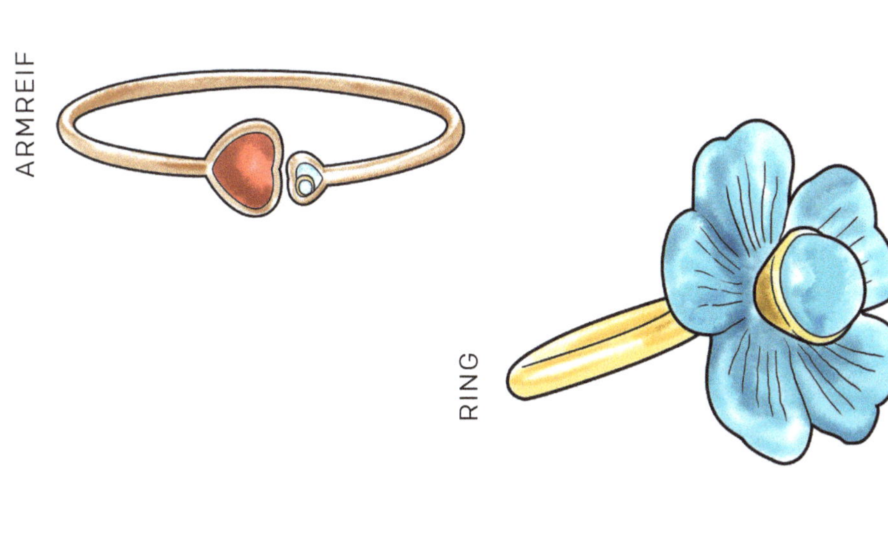

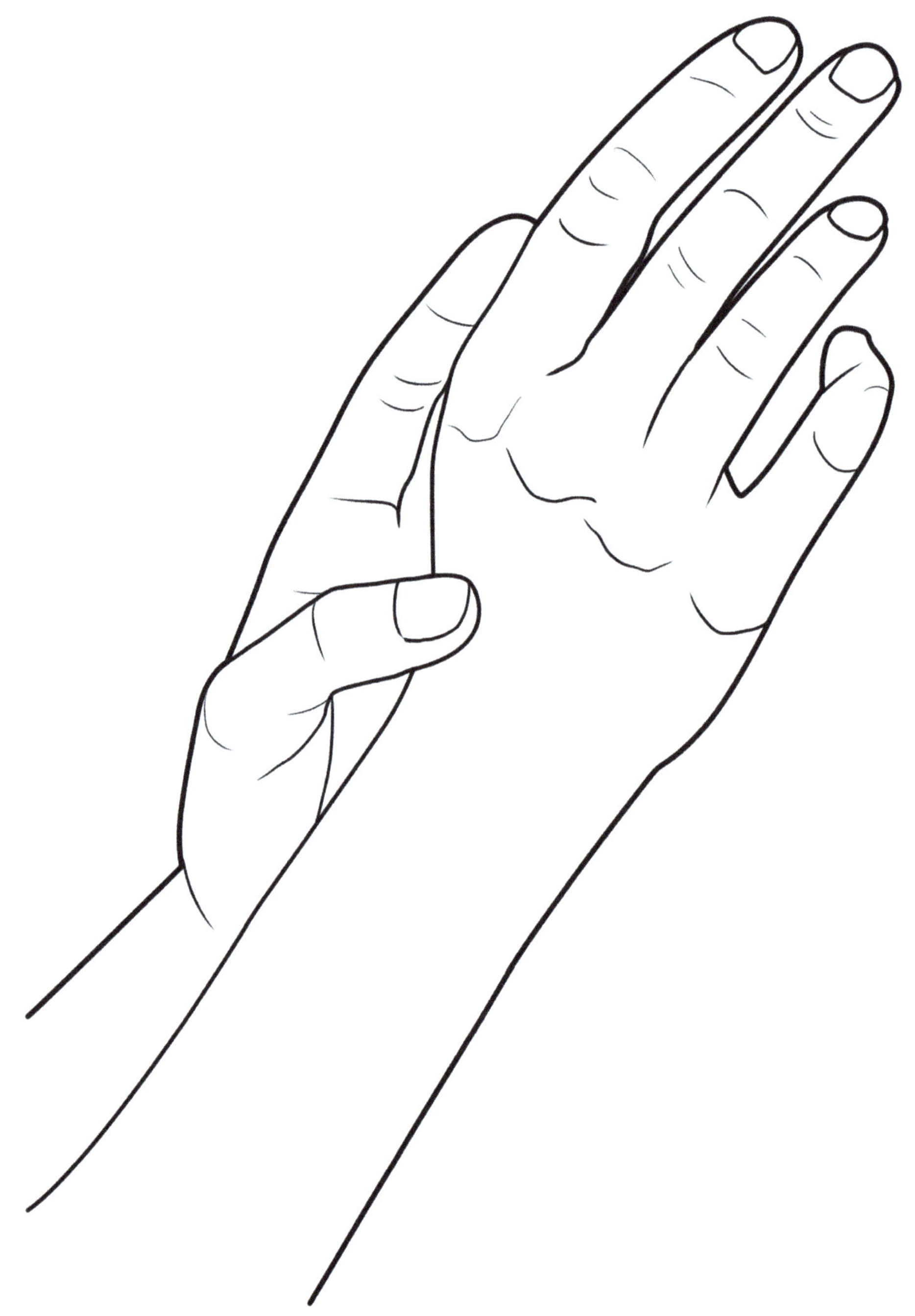

05

Übung

MACHT DEN MODEPROFI!

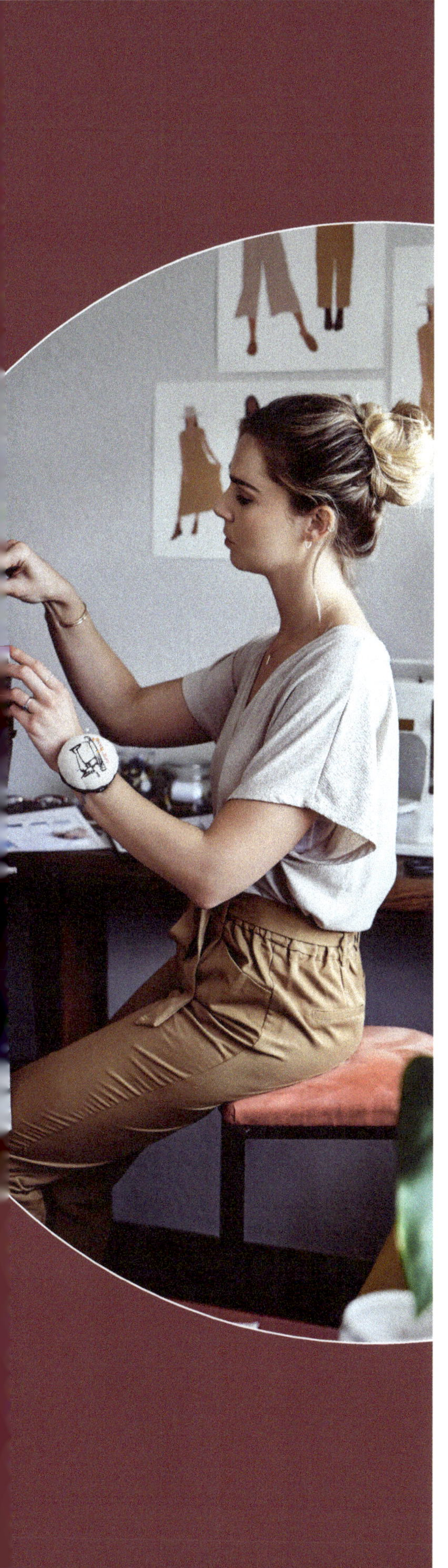

Die effektivste Methode, deine Fähigkeiten im Modedesign zu verbessern, ist kontinuierliches Üben. Dieses Buch hat dir bereits einen guten Start ermöglicht, indem es dir geholfen hat, deine Zeichen- und Entwurfsfähigkeiten zu entwickeln. Es ist jedoch wichtig zu wissen, dass sich Möglichkeiten zur Weiterentwicklung überall bieten. Lasse dich von der Mode inspirieren, die du auf den Straßen siehst, in Zeitschriften findest oder im Fernsehen beobachtest. Halte deine Ideen fest, um sie später, wenn du etwas Zeit hast, auszuarbeiten.

TIPP FÜRS MODEDESIGN:

Deine Zeichnungen und Entwürfe müssen nicht makellos sein. Es ist völlig normal, dass sich viele deiner ersten Ideen noch stark wandeln werden. Dieser Prozess des Ausprobierens, Scheiterns und Lernens ist ein wesentlicher Bestandteil auf dem Weg zum erfolgreichen Modedesigner.

Die Inspiration
HINTER EINER
KOLLEKTION

In der dynamischen Welt des Modedesigns ist es entscheidend, das richtige Thema für deine Kollektion zu wählen, um deine Kreativität voll zu entfalten. Dies beginnt mit der Erkundung deiner persönlichen Interessen und Inspirationsquellen, die so vielfältig sein können wie die lebendige Straßenkunst, die majestätische Schönheit der Meere oder die zauberhaften Erzählungen aus Märchen. Nehmen wir an, du findest Inspiration in der Welt der Cowboys – ein Setting voller Abenteuer und Charakter. Du könntest typische Elemente wie Cowboyhüte, Lederstiefel und Fransenjacken in deine Designs einarbeiten und eine Farbpalette aus warmen Erdtönen sowie tiefem Denimblau wählen, um die raue Eleganz und den unverwechselbaren Geist des Wilden Westens einzufangen. Ein von Cowboys inspiriertes Thema verleiht deinen Entwürfen eine klare Identität und erzählt eine Geschichte, die deine Kollektion einzigartig macht. Es geht darum, ein stimmiges Bild zu schaffen, das die Zuschauer in eine andere Welt entführt.

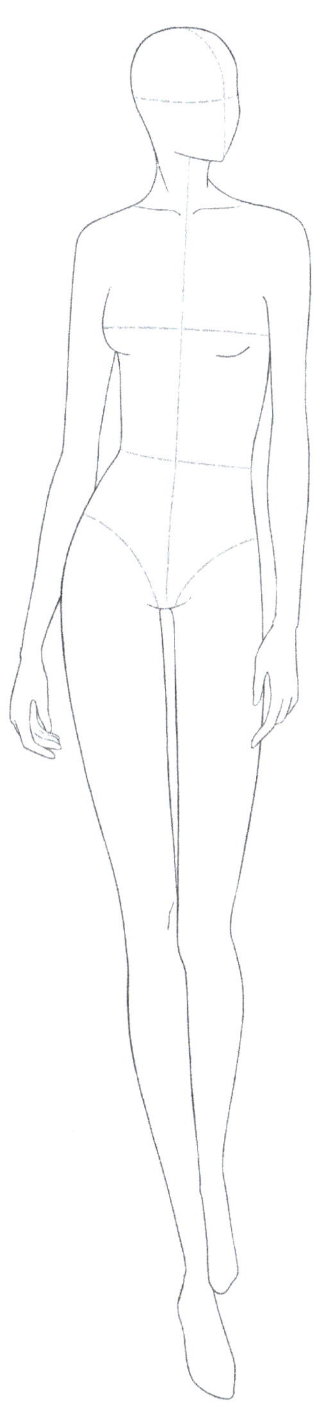

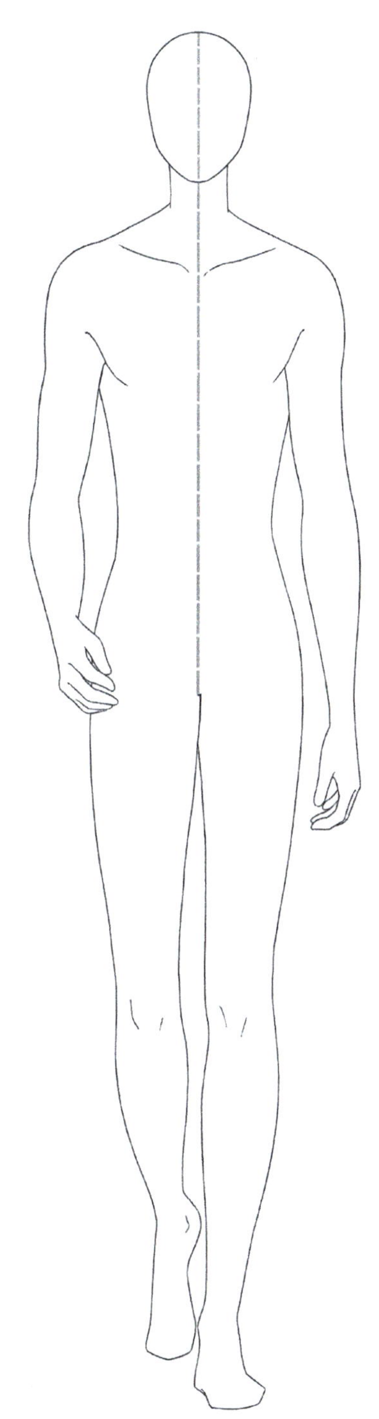

Abendmode
GLANZ UND GLAMOUR
IN DEINER KOLLEKTION

Abendgarderobe ist eine exklusive Bekleidungskategorie, die für elegante Anlässe wie Bälle, Galas, Opernbesuche und Filmpremieren entworfen wird. Diese Veranstaltungen bieten eine ideale Bühne, um deinen individuellen Stil zu präsentieren und dich in deinem Outfit besonders glamourös zu fühlen. Beim Entwerfen von Abendmode ist es entscheidend, eine schicke Silhouette zu kreieren, die Eleganz ausstrahlt. Verleihe deinen Entwürfen das gewisse Extra durch außergewöhnliche Details wie funkelnde Pailletten, feine Spitze oder ein markantes Accessoire, das ins Auge fällt. Es ist ebenso wichtig, das Selbstvertrauen und die Haltung deiner Mode-Figurine zu betonen, um die Aura von Selbstsicherheit und Präsenz zu verstärken, die für exquisiter Abendgarderobe typisch ist.

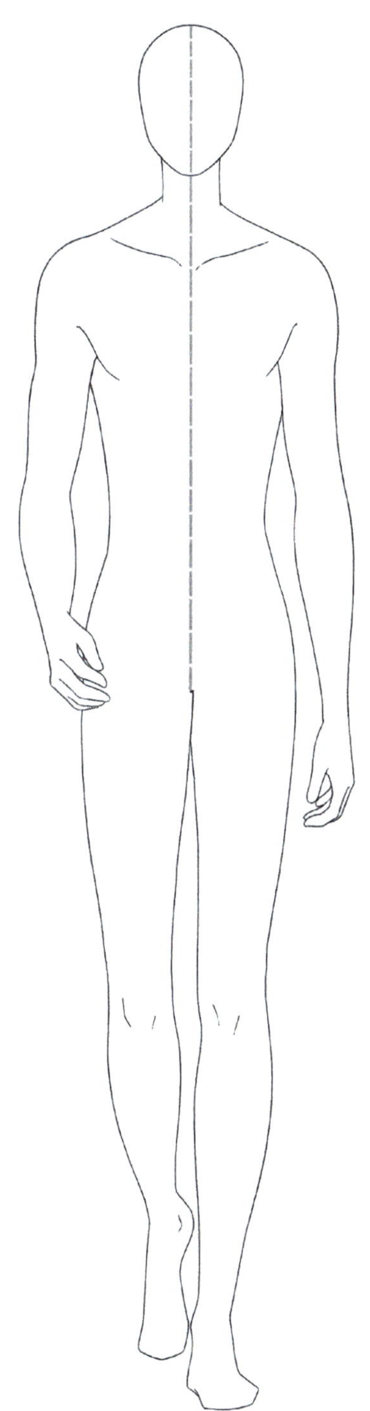

VON DER STRAßE AUF DEN LAUFSTEG

Streetwear und Jugendkultur haben einen prägenden Einfluss auf die Modeindustrie. Ein markantes Beispiel ist der Hoodie, der ursprünglich eng mit der Skateboard- und Hip-Hop-Kultur verbunden war und heute ein unverzichtbares Kleidungsstück in vielen Garderoben ist. Von urbanen Szenen bis zu den exklusivsten Laufstegen hat diese lässige, aber stilvolle Kleidung dauerhaft die Mode verändert.

Als angehender Modedesigner ist es entscheidend, die neuesten Trends in der Streetwear zu verfolgen. Halte Ausschau in Zeitschriften, online oder beobachte einfach die Leute auf der Straße. Achte besonders auf auffällige Muster, Farben und Accessoires, die typisch für Streetwear sind.

Jetzt bist du dran, deine Kreativität zu entfalten und eigene Styles zu entwerfen, inspiriert vom Street-Style!

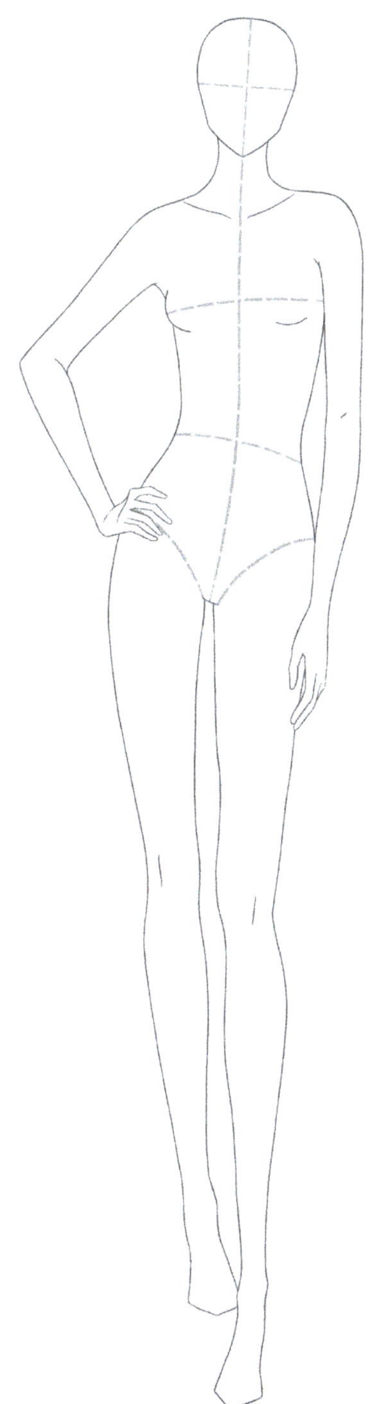

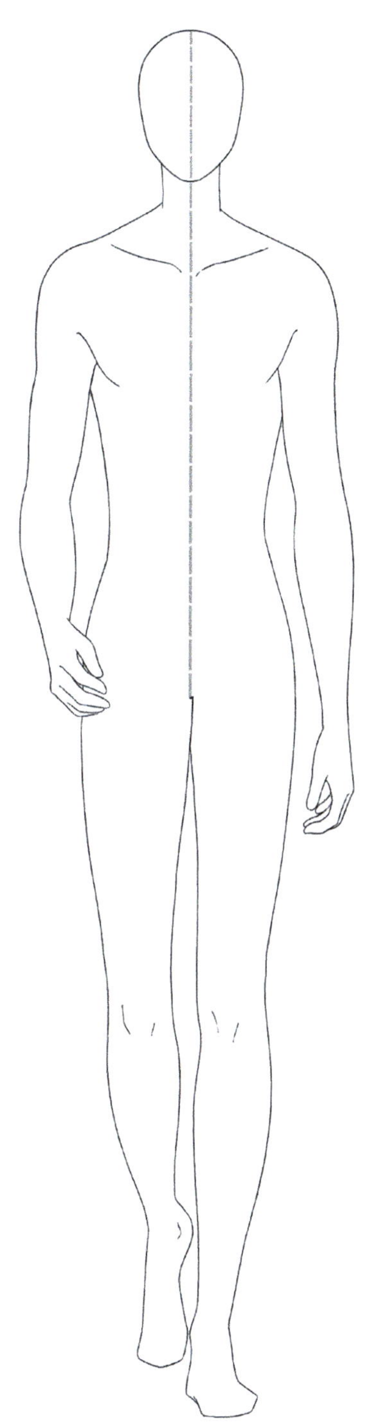

EINE MODE
Kollektion
für jede Jahreszeit

Modekollektionen sind darauf ausgelegt, die verschiedenen Jahreszeiten widerzuspiegeln. Designer wählen daher sorgfältig Materialien und Designs aus, die den spezifischen Anforderungen und Wetterbedingungen jeder Saison entsprechen.

So gibt es leichte Stoffe und helle Farben für den Sommer und kuschelige Wolle und dunkle, warme Farben für den Winter. Jede Kollektion passt sich den sich ändernden Jahreszeiten perfekt an.

ENTWIRF EINEN SCHICKEN SOMMER-LOOK

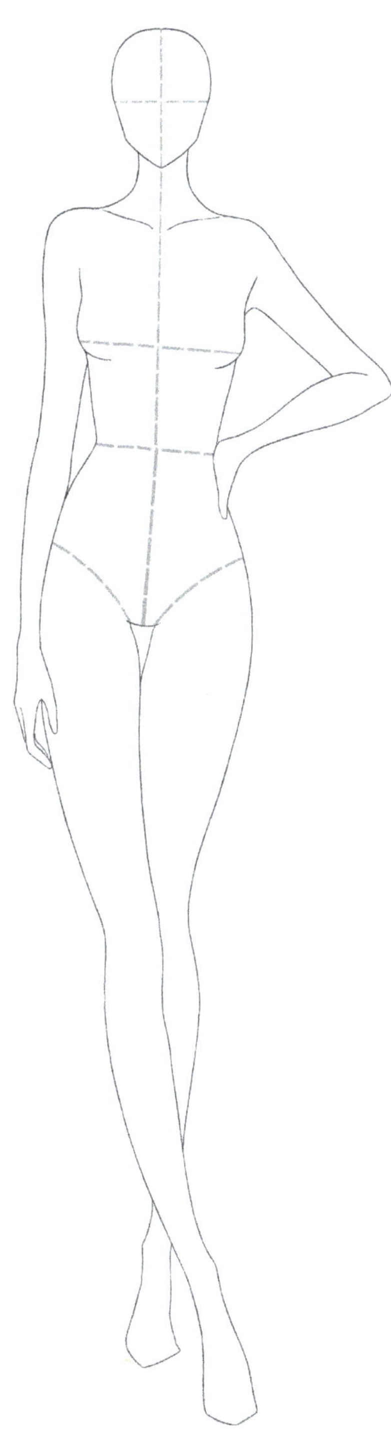

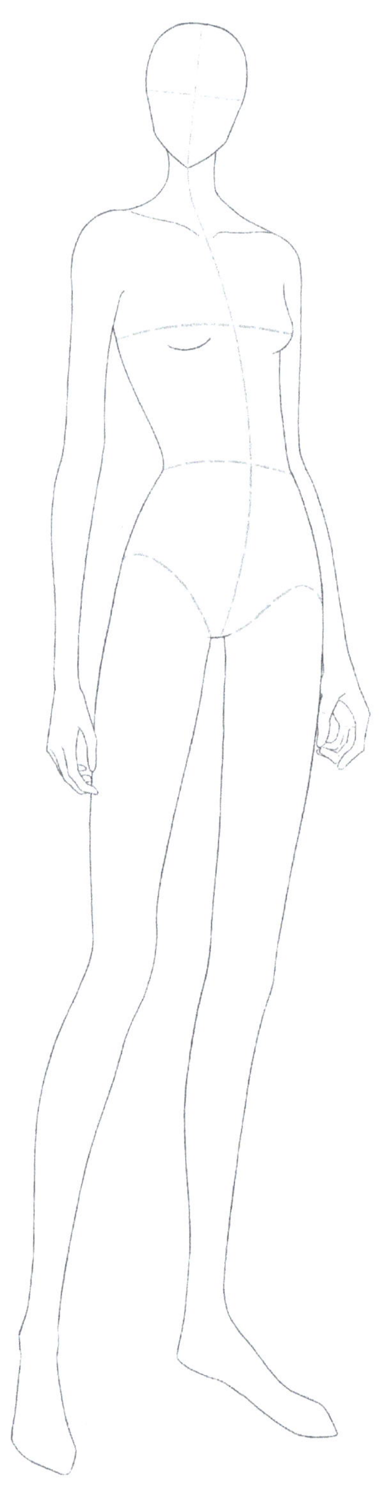

VERVOLLSTÄNDIGE *den Look* MIT STATEMENT-ACCESSOIRES

Accessoires sind entscheidend, um einem Outfit Stil und Individualität zu verleihen. Eine auffällige Tasche kann selbst die schlichteste Garderobe aufwerten, während ein Paar modische Sneaker einen spannenden Kontrast zu einem eleganten Abendoutfit bieten kann. Die Möglichkeiten, kreativ zu sein, sind grenzenlos und es ist spannend, mit mutigen Ideen zu experimentieren.

Experimentiere mit auffälligen Accessoires, um deinen Designs eine einzigartige Note zu verleihen und den Look abzurunden.

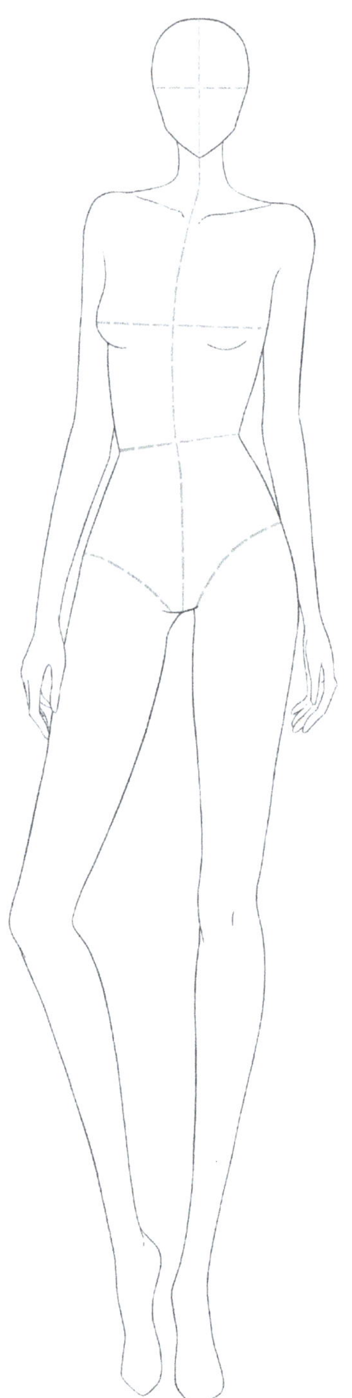

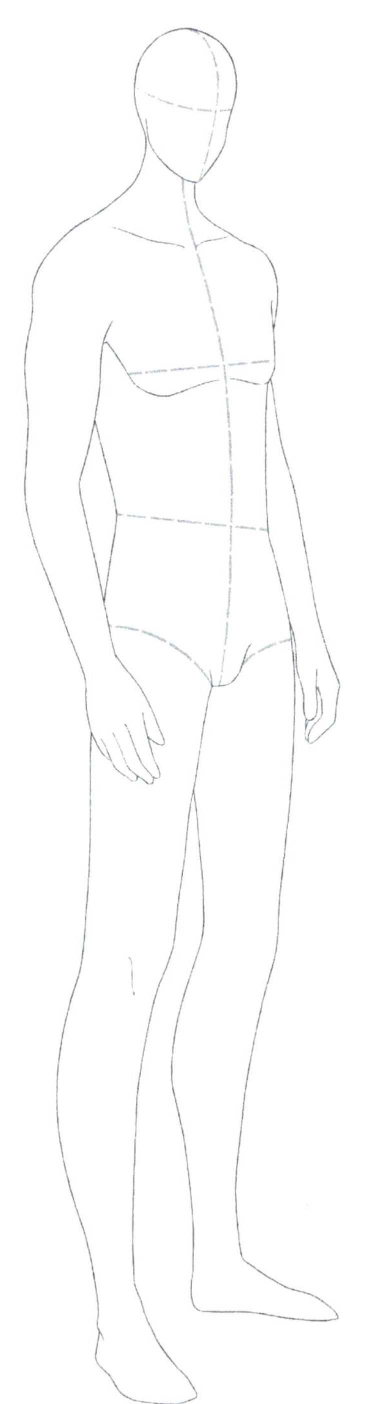

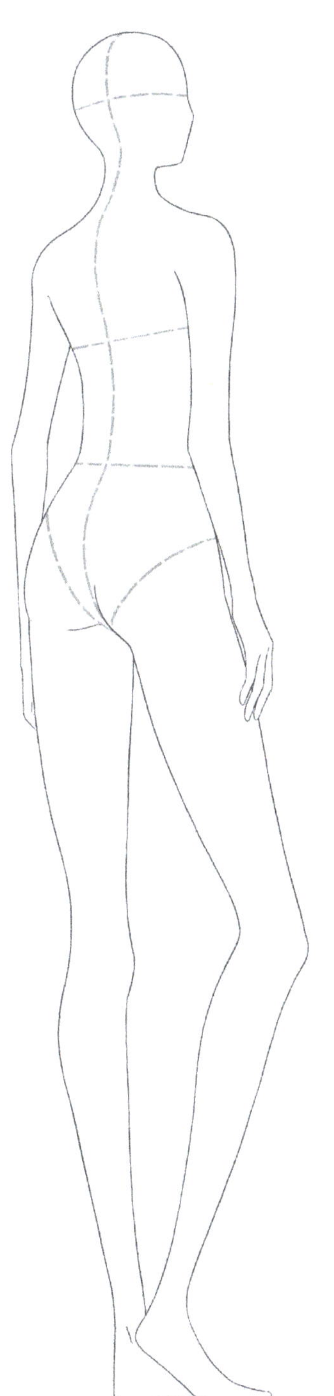

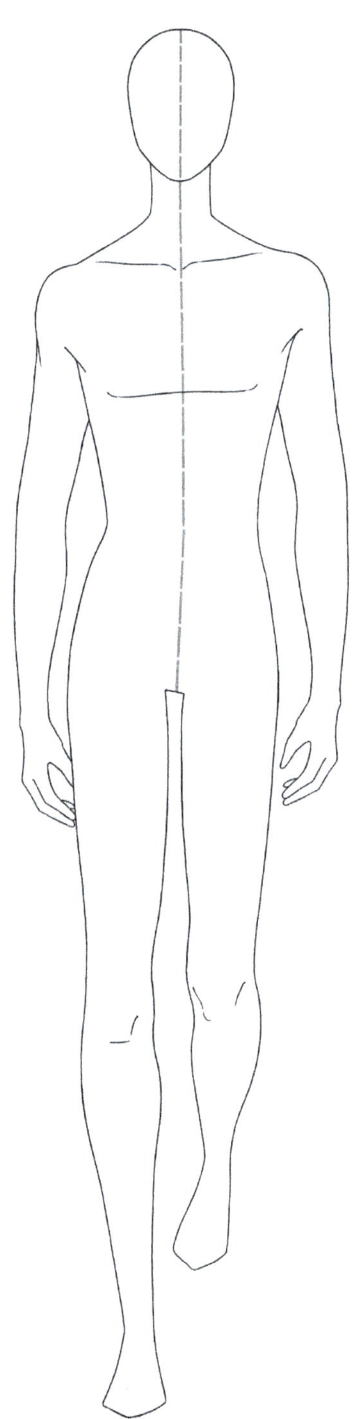

06

ENTWERFE DEINE
Fashion Week
KOLLEKTION

Du hast bereits bemerkenswerte Fortschritte gemacht. Herzlichen Glückwunsch zu deinem bisherigen Erfolg! Nun ist der Zeitpunkt gekommen, all deine neuen Fähigkeiten zu bündeln und deine allererste Kollektion für die Fashion Week zu entwerfen.

Du hast gelernt, Moodboards zu erstellen, Farben und Stoffe auszuwählen sowie deine Ideen zu skizzieren. Durch das Zeichnen verschiedener Kleidungsstücke und Accessoires hast du auch praktische Erfahrung gesammelt. Jetzt dürftest du eine viel klarere Vorstellung von den Modestilen und -richtungen haben, die dir gefallen.

Nun ist es an der Zeit, Stift und Papier zur Hand zu nehmen und deine erste Kollektion zu entwerfen.

Nimm dir Zeit und denke daran, deine Entwürfe zuerst mit Bleistift zu skizzieren, bevor du Marker oder Stoffproben hinzufügst, damit du jederzeit Änderungen und Verbesserungen vornehmen kannst. Der Laufsteg wartet auf dich!

MARKENNAME:

SAISON:

ENTWIRF DEIN MARKENLOGO

BESCHREIBE DAS THEMA DEINER KOLLEKTION

MOODBOARD

DRUCKDESIGN

TASCHEN UND SCHUHE

ACCESSOIRES (SCHAL, SCHMUCK, SONNENBRILLEN ETC.)

LOOK #1

LOOK #2

LOOK #3

LOOK #4

LOOK #5

LOOK #6

LOOK #7

LOOK #8

LOOK #9

LOOK #10

 MODE DESIGN SCHULE FÜR KIDS UND TEENS

Herzlichen Glückwunsch!

Nun, da du das Ende dieses Buches erreicht hast, kannst du dich zu Recht als Modedesigner oder Modedesignerin bezeichnen! Dies ist ein großes Lob für deine eigene Fashion-Week-Kollektion – du kannst wirklich stolz auf dich sein. Erinnere dich daran, dass selbst die größten Modedesigner klein angefangen haben, genau wie du, träumend von ihrer ersten großen Show. Nun hast du bereits deine eigene Kollektion entworfen – wie fantastisch ist das bitte? Vergiss nicht: Mode soll Spaß machen und ist ein ständiges Experimentieren mit Neuem.

Warum nicht eine eigene Modenschau organisieren, zusammen mit deinen Freunden? Du könntest auch deine Eltern einladen, mit dir einen trendigen Secondhand-Shop zu besuchen, um die perfekten Outfits für deine Show auszuwählen.

EIN KLEINER TIPP FÜR ZUKÜNFTIGE FASHION-QUEENS UND -KINGS:
Vergiss nicht, immer einen Stift und ein Notizbuch griffbereit zu haben, damit du all deine kreativen Ideen sofort festhalten kannst!

Wir hoffen, dass dieses Buch deine Leidenschaft für Mode weiter angefacht hat und dir wertvolle Einblicke geboten hat. Um deine Kreativität noch weiter zu fördern, haben wir eine besondere Überraschung für dich: Scanne den QR-Code auf dieser Seite mit deinem Smartphone, um Zugang zu exklusiven Modefiguren-Vorlagen zu erhalten. Diese Vorlagen sind perfekt, um deine Designfähigkeiten zu schärfen und eigene Kreationen zu entwickeln.

Wir freuen uns schon darauf, deine kreativen Entwürfe zu sehen! Teile sie auf Social Media unter dem Hashtag *#ByeByeFashionSchool* und werde Teil unserer Community, die deine Begeisterung für Mode teilt.

Viel Erfolg und Freude auf deinem spannenden Weg in die Welt des Modedesigns wünscht dir dein Team von „Bye Bye Studio"!

www.ingramcontent.com/pod-product-compliance
Lightning Source LLC
LaVergne TN
LVHW070946180726
843512LV00013B/961